세상을 바꾼 게임들

BOOK
JOURNALISM

세상을 바꾼 게임들

발행일 ; 제1판 제1쇄 2023년 4월 28일
지은이 ; 김동현 발행인·편집인 ; 이연대
CCO ; 신아람 에디터 ; 김혜림
디자인 ; 권순문 지원 ; 유지혜 고문 ; 손현우
펴낸곳 ; ㈜스리체어스 _ 서울시 중구 한강대로 416 13층
전화 ; 02 396 6266 팩스 ; 070 8627 6266
이메일 ; hello@bookjournalism.com
홈페이지 ; www.bookjournalism.com
출판등록 ; 2014년 6월 25일 제300 2014 81호
ISBN ; 979 11 92572 89 5 03300

BOOK
JOURNALISM

세상을 바꾼 게임들

김동현

: 게임의 자극은 현실에서는 만날 수 없는 것들이었다. 게임 업계는 끊임없이 상상하고, 세계를 개발했다. 우주와 새로운 행성, 미래와 지옥까지 모두 그 소재가 됐다. 개발자는 누구도 상상할 수 없었던 게임을 만들기 위해 싸우기 시작했다. 자극의 문화가 시작된 것이다.

차례

프롤로그　　　　　'미운 오리 새끼' 게임의 변신

2021년 전 세계 게임 산업 규모는 약 205조 원[1]이다. 이는 팬데믹 이전인 2019년 세계 영화 산업 규모(49조)의 네 배가 넘는 수치다. 1990년대만 해도 게임은 아이들을 현혹해 코 묻은 돈을 빼앗고 정신 건강을 해치는 불량 식품 취급을 받았지만, 1980년대 초 〈퐁PONG〉으로 촉발된 게임 산업이 50년 이상 앞선 다른 문화 콘텐츠 산업 모두를 넘어서는 데 걸린 시간은 채 30년도 안 된다. 게임은 '종합 엔터테인먼트'로 불리며 미래를 선도하는 대표 먹거리로 자리매김했고 대형 엔터테인먼트 업체들 대부분이 지금도 앞다퉈 게임을 쏟아 내고 있다. 반세기도 되지 않아 게임을 바라보는 시각은 완전히 달라졌다.

게임 산업은 우리가 아는 것보다 더 많이 성장했다. 2022 항저우 아시안게임에서 e스포츠는 정식 종목으로 채택됐다. 게임은 다른 스포츠와 마찬가지로 메달을 놓고 경쟁한다. 우리나라 게임 산업에만 10만 명이 넘는 임직원이 종사하고 있고, 지금도 소규모 인디 게임부터 400억 원 이상이 투입되는 대형 프로젝트까지 밤낮없이 개발되고 있다. 게임이 단순한 오락거리를 넘어서, 사람들의 삶을 책임지고, 바꾸고 있는 셈이다.

스포츠로 시작된 게임 장르는 격투, RPG(Role-Playing Game · 역할 수행 게임), 어드벤처, 슈팅, 퍼즐, 시뮬레이션으로

부산에서 열린 '지스타 2018' 넷마블 부스

파생됐고 2~3개의 장르를 혼합한 장르도 심심치 않게 볼 수 있게 됐다. 죽으며 성장하는 '소울라이크'나 무작위로 주어지는 환경을 극복하는 '로그라이크Roguelike', 오픈 월드의 시초가 된 '메트로바니아Metroidvania'와 같이, 마니아들은 새로운 장르를 만들기도 했다. 혼자서 즐기는 게임은 어느새 수천 명이 동시에 즐기는 MMORPG(Massively Multiplayer Online Role-Playing Game·다중 역할 수행 게임)부터 100명이 섬에 내려 한 명의 승자가 나올 때까지 싸우는 배틀로얄 게임으로 발전했고 쌍방향 게임처럼 실제 배우가 드라마나 영화처럼 게임에 나와 연기를 보여 주는 작품도 쉽게 만날 수 있다. 이처럼 게임은, 짧은 역사에도 불구하고 무한한 변화를 보여 준다.

'미운 오리 새끼' 게임의 변신은 어떻게 이뤄진 것일까.

이에 대한 답을 찾기 위해선 먼저 근본적인 물음에 답해야 한다. '우리가 왜 게임을 하는지'다. 누구나 게임을 접하는 시대지만, 왜 세상이 게임을 찾고 즐기게 됐는지의 근본적인 이유는 선명하지 않다. 게임 이전에도 존재했던 무수한 놀이 문화를 제치고, 게임이 이토록 성공할 수 있었던 근본적인 비밀은 뭘까? 우리는 역사에서 그 답을 찾을 수 있을 것이다. 게임 산업에 큰 영향을 끼친 도전과 사건, 플랫폼의 변화는 게임 산업의 성장 이유를 보여 준다. 그리고 이를 통해 세상이 게임을 즐기는 이유 역시 살필 수 있을 것이다.

이 책은 저자가 20년 넘게 게임 업계에 종사하면서 알고 싶었고 궁금했던 점을 하나씩 찾아 정리한 내용으로 구성됐다. 개발자와 소비자 관점에서 알아두면 좋은 이야기로 채우려고 노력했다. 책을 작성하며 나 자신도 배울 수 있었고, 나 자신이 게임을 사랑하게 된 이유도 고민할 수 있었다. 독자역시 나와 비슷한 질문을 던지기를 기대해 본다.

1 자극의 문화, 게임의 시작

1970년대 후반 촉발된 디지털 놀이 게임 문화는 1980년대 아케이드 게임 혁명을 시작으로 가정용 게임기로 확산했다. 소비자들이 영화나 음악, 연극이 아닌 게임에 주목하기 시작한 큰 이유는 쌍방향 피드백 때문이었다. 플레이어들은 자신이 조작하고 움직이는 것에 따라 이후의 결과가 바뀐다는 점에서 매력을 느꼈다. 1장에서 다루는 이야기는 게임의 파급력에 관한 내용이다. 원자력 연구소를 방문하는 관계자의 흥미를 끌기 위해 시작된 게임이 전 세계를 들썩거리게 만들고 100엔 동전 품귀 현상을 일으키기도 했으며, 거실 게임 문화라는 새로운 유행도 생겨났다. 우후죽순 쏟아진 게임들 덕분에 발생한 아타리 쇼크는 게임 산업 기틀을 마련했다.

게임이 단숨에 성장할 수 있었던 비결은 다름 아닌 자극의 효과다. 플레이어는 게임을 직접 조작하며 공을 치거나 외계인을 공격할 수 있었다. 적을 무찌르거나, 상대방을 이기거나, 가장 높은 점수를 기록했을 때의 자극은 그 어떤 콘텐츠가 주는 자극보다 짜릿했다. 자극은 또 있다. 바로 '상상력'의 자극이다. 사람들은 정체불명의 도트가 내려오는 것을 보며 외계 침공이라고 생각했고, 공사 중인 초고층 빌딩으로 오르는 배관공이 거대한 킹콩을 물리치러 가는 중이라고 상상했다. 이러한 자극은 현실에서는 만날 수 없는 것들이었다. 게임 업계는 더 강한 자극을 만들어 내기 위해 끊임없이 상상하고,

세계를 개발했다. 우주와 새로운 행성, 미래 세계와 악마의 지옥까지 모두 그 소재가 됐다. 남들과 같은 게임을 만들어서는 안 됐다. 개발자들은 자극적인 소재와 그래픽을 찾기 시작했고, 누구도 상상할 수 없었던 게임을 만들기 위해 싸우기 시작했다. 자극의 문화가 시작된 것이다.

디지털 놀이의 등장

첫 디지털 놀이, 게임의 등장은 1958년 미국의 물리학자 윌리엄 히긴보섬William Higinbotham이 만든 〈테니스 포 투Tennis for two〉였다. 〈테니스 포 투〉는 저항과 콘덴서, 계전기의 전파 움직임을 이용한 게임으로, 테니스와 유사한 모습을 갖췄다. 레버를 어떻게 조작하느냐에 따라 공이 날아가는 강도, 각도가 달라졌고, 상대방은 타이밍에 맞춰 버튼을 누르면 그럴싸한 받아치기가 가능했다. 거창한 그래픽이나 사운드는 없었지만, 계전기에 보이는 공의 움직임은 원자력 연구소 직원들은 물론, 이곳을 찾아온 방문자들에게도 인기였다. 〈테니스 포 투〉의 등장은 디지털 기기로 계산이나 연구가 아닌 다른 '무언가'를 할 수 있다는 것을 증명한 첫 사례였다. 아쉽게도 연구소 밖으로 나가 상용화 되지는 못했지만, 이 게임의 등장은 새로운 시대의 탄생을 예고했다.

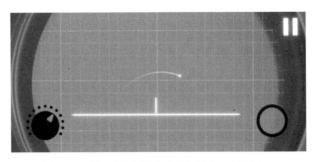

〈테니스 포 투〉는 전자 다이얼과 간단한 버튼으로 움직였다.

실제 디지털 놀이를 시장에 알린 사례는 1962년, 컴퓨터 과학자 스티브 러셀Steve Russell이 대학 동기 마틴 그랫츠Martin Graetz, 웨인 위터넨Wayne Wiitanen과 함께 선보인 〈스페이스워!Spacewar!〉다. 스티브와 마틴, 웨인은 MIT 재학 시절, 한 학기를 게임 개발에 매진했다. 1962년 2월, 드디어 세계 최초의 디지털 컴퓨터 게임인 〈스페이스워!〉가 등장했다. 게임의 구조는 간단했다. 가속 버튼, 좌우 회전 버튼을 이용해 움직였고 미사일 버튼을 누르면 공격할 수 있었다. 플레이어가 다른 이의 우주선을 격추한다면 승리하는 방식이었다. 게임의 초기 버전에는 단순히 승패만 있었다. 게임에 흥미를 느낀 다른 대학 동기인 앨런 코톡Alan Kotok과 댄 에드워즈Dan Edwards, 피터 샘슨Peter Samson이 게임 오버와 점수 규칙, 운석이라는 방해 요소 등을 추가했고, 〈스페이스워!〉는 비로소 현대적인 게임의 형

〈스페이스워!〉는 디지털 놀이의 탄생을 이끈 첫 시도였다.

태를 갖출 수 있었다. 〈스페이스워!〉의 최종 완성 버전은 1963
년에 나왔다.

　　인기는 대단했다. 다른 지역 교수와 대학생들까지도 이
게임을 플레이해 보기 위해 MIT에 방문했다. 이는 미국의 IT
산업을 바꿀 혁명의 시초였지만, 게임이 상용화되기까지는
많은 시간이 필요했다. 가장 시급한 것은 비용이었다. 시장에
는 비싼 공학용 컴퓨터가 아닌 저렴한 보급형 제품이 필요했
다. 〈스페이스워!〉를 개발했던 컴퓨터 'PDP-1'은 '덱DEC'에
서 1959년 선보인 천공 테이프 기반의 미니컴퓨터다. 730킬
로그램의 육중한 무게에도 '미니'로 불린 이 컴퓨터는 당시
가격은 12만 달러, 한화 약 1억 5000만 원의 가격을 자랑

했다.

1971년 9월 개발자 빌 핏츠Bill Pitts와 휴 턱Hugh Tuck은 'PDP-11/20' 용 게임을 선보인다. 이 기기는 가격과 기체 크기 등을 줄인 새로운 형태의 미니컴퓨터였다. 비행기 레버와 흡사한 레버 두 개와 여섯 개의 옵션 버튼, 그리고 동전 투입구가 디스플레이 양쪽에 마련돼 있었다. 이 게임이 바로 최초의 동전 투입식 게임기 〈갤럭시 게임Galaxy Game〉이다. 〈스페이스워!〉와 흡사하지만, 게임적 요소가 더욱 강했다. 단순 공격뿐 아니라 유도탄과 같은 요소가 있어 승리하기 위해서는 전략이 필요했다. 둘 다 상용화는 이뤄지지 못했지만, 게임이 돈이 될 수 있다는 사실을 증명했다. 빌과 휴는 자신들이 다니던 미국 스탠퍼드대학교Stanford University의 학생들을 상대로 홍보했고 1979년 5월, 기기를 완전히 철수하기까지 제법 많은 수익을 냈다. 공식적인 수익은 집계되지 않았다.

1971년 11월에는 놀런 부시넬Nolan Bushnell과 테드 댑니Ted Dabney가 만든 상업용 비디오 게임기, '컴퓨터 스페이스'를 통해 〈스페이스워!〉 리메이크 버전이 출시됐다. 컴퓨터 스페이스는 흔히 오락실 등의 특정 장소에서 화폐를 지급하고 플레이하는, '아케이드 게임'으로 불리는 기기의 최초 버전이었다. 테드가 동전을 넣고 게임을 플레이할 수 있게 하는 방식을 기획했고, 놀런은 동전 투입 시 '1 Coin'을 확인하는 코드와 기기를 만들어 반영했다. 비싼 가격 때문에 많이 팔리지는 않았지만, 사람들의 호기심을 끌기에는 충분했다. 놀런은 성공 가능성을 엿봤고, 본격적인 창업에 들어섰다.

그렇게 탄생한 업체가 '아타리Atari'였다.

미국을 삼킨 본격 상업화 게임 〈퐁〉

놀런 부시넬은 유타대학교University of Utah 전기공학과 재학 시절 〈스페이스워!〉를 보고 게임 산업의 미래를 내다봤다. 1972년 6월 27일, 놀런은 학업을 중단하고 테드 댑니와 함께 500달러로 아타리를 설립한다. 그들이 선보인 〈스페이스워!〉 리메이크 버전은 1500대를 판매해 3만 달러의 매출을 올렸다. 그런데도 적자를 봤다. 놀런은 이윤을 남기기 위해 더 많이 팔릴 제품이 필요했다. 두 명으로는 역부족이었다. 그는 서둘러 인재 모집에 나섰다. UC버클리University of California, Berkeley 전자공학과 출신의 앨런 알콘Allan Alcorn은 그렇게 아타리에 합류했다. 놀런과 앨런의 만남은 향후 게임 산업의 태동이자 경쟁의 시작으로 평가받는 게임, 〈퐁〉의 등장으로 이어진다.

1972년 11월 29일 출시된 〈퐁〉은 앨런이 만든 스포츠 게임이다. 두 개의 컨트롤러를 가진 이 게임은 탁구처럼 공을 튕겨내며 겨루는 대전 방식을 띄고 있었다. 둥근 형태의 다이얼인 노브의 회전 속도에 따라 게임 속 바가 움직였고, 공이

바 뒤로 넘어가면 점수를 획득할 수 있었다. 초기에는 몇몇 상가나 술집에서만 구매 의뢰가 왔다. 놀런과 임직원들은 직접 전단을 뿌리며 게임을 홍보했지만 큰 수확은 없었다. 놀런은 낙심했지만, 시간이 필요하다고 판단했다. 개발이 완료된 후 본격적인 생산과 납품이 이뤄지자 분위기는 반전됐다. 이전에 게임을 구매했던 술집과 상가, 그 주변의 가게에서 구매 문의가 쏟아졌다. 입소문을 탄 것이다. 기기 판매량은 수직으로 상승했고, 납품은 구매 문의를 따라가지 못할 정도였다. 놀런은 흥분하는 대신 다음 수를 준비했다. 바로 〈퐁〉의 가정용 게임기 개발이었다.

아타리는 엔지니어 헤럴드 리Herald Lee를 영입했다. 헤럴드는 난해한 문제였던 〈퐁〉의 보드 크기를 줄이고, 게임이 칩 하나로 구동될 수 있게끔 했다. 헤럴드 리가 기기를 발전시키는 동안 외판 경험이 풍부한 진 립킨Gene Lipkin도 합류했다.

1974년 말, 가정용 〈퐁〉의 시제품이 모습을 드러냈다. 게임은 아케이드 〈퐁〉과 같았다. 하지만 크기는 10분의 1로 줄었고 조작은 좀 더 쾌적했다. 브라운관 TV와 연결해도 화면은 깔끔하게 출력됐다. 이제 판매만 남았다. 판매 담당 진은 당시 유명했던 백화점 '시어스SEARS'와 미팅했다. 결과는 대성공이었다. 시어스 측은 1975년을 기한으로, 15만 대 독점 납품 계약서에 서명한다. 이제 대량 제작을 위한 시설 확충이

가정용 〈퐁〉 기기는 거실 문화를 연 제품이다. ⓒPONG

필요했다. 놀런은 투자 미팅 경험이 있었던 도널드 발렌타인 Donald Valentine[2]을 찾았다. 가정용 〈퐁〉의 성능에 놀란 도널드는 대규모 투자를 진행한다.

　덕분에 아타리는 가정용 〈퐁〉 15만 대를 차질 없이 생산했다. 연말 시즌에 맞춰 납품까지 완료했다. 크리스마스 시즌에 맞춰 대대적 홍보를 진행한 시어스 백화점에는 그 어느 때보다 많은 인파가 몰렸다. 가정용 〈퐁〉은 연말에만 7만 대 이상이, 석 달도 되지 않아 15만 대가 팔렸다. 〈퐁〉의 성공은 아케이드 게임과 가정용 게임기 경쟁의 시발점이다. 상업적 성공과 실패, 그리고 플랫폼의 변화까지 게임 산업의 발전 구조를 시사한 사례로도 많이 언급된다. 〈퐁〉의 성공은 많은 반도체, 전자·전기, 완구 회사가 게임 개발에 뛰어드는 계기가 됐다. 모두가 게임 산업의 장래는 밝을 것이라고 예상했다.

북미 비디오 게임 시장 붕괴 사건 '아타리 쇼크'

1983년 충격적인 일이 벌어졌다. 1982년까지 30억 달러 규모로 미친 듯이 성장하던 북미 비디오 게임 시장이 거짓말처럼 무너진 것이다. 사태가 진정 국면에 들어간 1985년의 시장 규모는 종전의 3퍼센트 수준인 1억 달러에 그쳤다. 이 사태가 바로 '아타리 쇼크ATARI Shock'다.

〈퐁〉의 대성공으로 막대한 자금과 영향력을 갖추게 된 아타리는 세계 최초의 가정용 게임기인 '마그나복스 오디세이'에 착안해 가정용 게임기 개발에 들어간다. 플랫폼을 장악하는 것이 소프트웨어 개발보다 훨씬 유리한 환경이 될 것으로 판단한 놀런은 1976년 대중 매체 기업 '워너 커뮤니케이션Warner Communications'[3]에 회사를 매각한다. 금액만 2800만 달러 규모의 빅딜이었다.

그렇게 시작된 프로젝트가 1977년 출시된 '아타리 2600'이다. 2세대 가정용 게임기의 시작이자 게임 대란의 시초이기도 하다. 아타리 2600은 유명 아케이드 게임 〈스페이스 인베이더〉를 가정에서 즐길 수 있다는 강점을 비롯해 롬팩 교체 방식 도입, 고급스러운 외형으로 인기를 끌었다. 199달러라는 높은 가격도 그 인기를 사그라들게 할 수 없었다. 승

아타리의 첫 가정용 게임기 '아타리 2600'의 모습. 롬 팩 교체 방식
을 사용했다. ⓒAtari

승장구하는 아타리 2600으로 인해 분위기는 사뭇 달라졌다.
회사를 온전히 장악하고 싶은 워너 경영진과 게임 산업을 이
끌고 있다는 자신감에 찬 놀런 사이에 대립이 발생했다. 워너
경영진은 여러 핑계로 놀런을 압박했고 결국 백기를 든 그는
'동종업계에서 근무하지 않겠다'라는 조건으로 퇴사한다.

　　그가 떠난 후 아타리 후임 대표로 레이먼드 에드워드
카사르Raymond Edward Kassar가 발탁됐다. 그러나 그가 게임 업계
에 경험이 없다는 점이 문제가 되며 아타리는 조금씩 흔들리
기 시작했다. 가장 큰 문제는 내부 개발자에 대한 처우였다.
아타리는 그동안 출시되는 모든 하드웨어와 소프트웨어 권리
를 독점해왔다. 그러다 보니 게임이 성공해도 개발자들에겐

보상이 주어지지 않았다. 1979년 5월, 내부 엔지니어와 프로그래머들은 경영진에게 게임 저작권료 지급과 게임 내 개발자의 크레딧 표기를 요구했다. 레이먼드는 이를 무시했고, 결국 이 사건은 대규모 퇴사로까지 이어졌다. 퇴사한 개발자들은 그간의 경험을 바탕으로 아타리 2600에 최적화된 게임을 개발했고 직접 소매점을 통해 만든 게임을 출시해 수익을 냈다. 레이먼드는 그들에게 저작권 침해 소송을 제기했지만, 결국 백기를 든 쪽은 아타리였다.

소프트웨어가 없인 활로를 열 수 없던 아타리는 다수의 개발사에 로열티를 받는 조건으로 거래한다. 이때 처음 만들어진 개념이 바로 '서드 파티Third Party'다. 서드 파티는 기본적으로는 제삼자를 뜻하는 단어지만, 대체로는 제조자와 사용자 이외, 외부의 생산자를 가리키는 뜻으로 쓰인다. 게임 업계에서는 콘솔 하드웨어 제조사에 라이선스를 받아 해당 콘솔로 플레이할 수 있는 게임을 제작하는 회사를 칭한다. 공식적으로 아타리 2600 게임을 개발할 수 있게 된 그들은 1980년대 초반 게임 산업의 전성기를 이끈 주옥같은 명작들을 쏟아내며 성장을 이끈다. 라인업 확보에 성공한 아타리는 1980년 한 해 2억 달러 이상의 매출을 기록한다. 많은 신생 업체들이 아타리와 서드 파티 계약을 체결하기 시작하자 수익은 더 상승하기 시작했다. 많은 투자자가 기술이 조금이라도 있는 회사를 찾아 거액을 투자했으며, 음반 회사까지 서드 파티 계약을 체결해 게임을 선보였다.

서드 파티가 늘어나자 수익도 자연스럽게 쌓였다. 아타리 게임기로 게임을 출시하기 위해 내야 하는 로열티만으로도 아타리는 매달 최고 수익을 경신했다. 넘치는 돈에 아타리는 자제력을 상실한다. 로열티만 받았다면 기본적인 퀄리티 테스트도 거치지 않은 채 게임을 출시하는 일이 빈번했다. 수익에 기뻐하는 아타리와 달리 게임 시장은 시끄러웠다. 〈콜레코비전〉부터 〈RCA 스튜디오 II〉, 〈벡트렉스〉, 〈인텔리비전〉, 〈마그나복스 오디세이2〉 등 아타리 2600 게임이 다른 경쟁 게임기용으로도 출시되는 저작권 위반 사례부터 부적절한 내용의 게임도 마구 쏟아졌다. 이로 인해 게임에 대한 사회적 인식이 급격히 악화했고 일부 학교, 학부모를 중심으로 게임에 대한 규제 목소리가 나오기 시작했다.

게다가 홈 컴퓨터라는 적수도 등장했다. 호시탐탐 기회를 노리던 '코모도어Commodore'[4]는 299달러라는 파격적인 가격으로 홈 컴퓨터 게임 시대를 연다. 게임 외에도 교육 등 여러 서비스를 활용할 수 있는 이 제품은 아타리 선정성과 폭력성 논란에 지쳐있던 학부모들의 선택을 받았다. 코모도어는 게임 때리기 마케팅을 성공한 이후 1982년, 성능을 올린 '코모도어64'[5]를 595달러로 출시했고, 1983년에는 399달러까지 가격을 인하해 판매하기도 했다. 여기에 경쟁사의 기기를 가져오면 100달러를 추가 할인해주는 프로모션까지 더하며 전방위로 아타리를 압박했다.

아타리의 시장 예측 실패도 큰 문제였다. 당시의 게임 제작은 발주 기반 시스템이었기 때문에 유통사는 판매 수량을 예측해 제품을 생산하는 방식으로 업무를 진행했다. 매년 폭발적인 성장을 기록 중인 비디오 게임 시장 수요를 예측하기 어려웠던 관계사들은 다음 해의 판매 예정 수량을 매우 높게 책정했다. 아타리의 대작 〈팩맨〉도 출시 예정이었기 때문에 발주량은 역대 최고를 찍는다. 북미 기준 〈팩맨〉 주문량은 1200만 장이었다. 1982년 3월 출시된 아타리 2600용 〈팩맨〉은 이름값만으로 700만 장이 판매된다. 하지만 좋지 못한 품질과 각종 버그로 반품 요청이 쏟아졌고 500만 장 이상이 재고로 남게 된다. 큰 재정적 위기가 닥쳤음에도 아타리는 이를 해소할 수 있을 것으로 내다봤다. 증권사와 언론도 지금의 위기를 기우로 치부했다. 모두가 안심하던 그 사이, 아타리는 현실적인 대안을 마련해 문제를 개선할 수 있었던 시기를 놓치게 된다. 데드라인을 넘긴 아타리는 역대 최악의 상황을 맞닥뜨린다.

1982년 8월 후발 주자로 들어온 서드 파티 게임 판매량은 부진을 면치 못했다. 게다가 기대작으로 손꼽히던 게임

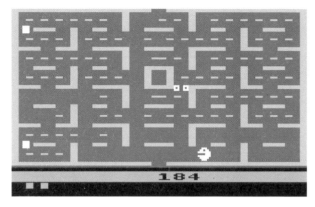

〈아타리팩맨〉게임 화면 ©Atari

들도 별다른 반응을 얻지 못했다. 그해 12월 8일, 워너 커뮤니
케이션즈는 아타리의 수익 전망을 매우 낮게 설정하고, 임원
전부를 해임한다. 이 소식은 뉴욕 증권 시장에 직격타를 날렸
고 워너 커뮤니케이션즈의 주가 대폭락이라는 결과로 이어진
다. 워너는 부랴부랴 연말 실적 향상을 위한 게임 개발에 나선
다. 아타리 쇼크의 전설로 불린 〈아타리 E.T〉가 이때 등장한
다. 400만 개 넘게 물량을 뽑아 놓은 이 게임은 채 50만 장도
팔리지 않았고 그중 70퍼센트 이상이 1983년 상반기를 못 넘
기고 반품됐다. 1982년 아타리의 4분기 영업 이익은 고작
120만 달러였다. 수많은 게임이 5달러 이하로 덤핑 판매됐고
개발사들이 줄도산했다.

1983년 아타리는 5억 3600만 달러 손실을 기록한다. 그리고 1984년 2분기는 4억 2500만 달러 손실을 냈다. 워너는 백기를 들고 아타리를 아케이드와 홈 컴퓨터, 비디오와 전화기 사업부로 나눠 분할 매각한다. 이에 따라 아타리는 1985년 '남코(現 반다이남코엔터테인먼트)'에 넘어간다. 아타리는 사라졌지만, 쇼크는 이어졌다. 게임 유통 산업부터 카트리지를 비롯해 주변 기기, 패키지 제작업 등 게임과 연관된 여러 분야가 회복이 힘들 정도로 큰 타격을 입었다. 북미 게임 산업 자체가 5년도 되지 않아 완전히 사라진 것이다. 이후 비디오 게임기 산업의 주도권은 북미에서 일본으로 넘어가기 시작했다.

1985년 10월 18일 '닌텐도 엔터테인먼트 시스템(NES·Nintendo Entertainment System)'으로 불리는 기기가 북미에 출시됐다. 1983년 출시돼 일본에서 가정용 게임기 열풍을 주도했던 '패밀리 컴퓨터(이하 '패미컴')'가 텅 비어버린 북미 게임 산업에 무혈입성한다. 닌텐도는 콘솔이라는 이름 대신 '엔터테인먼트 시스템'이라는 이름을 사용했다. 닌텐도는 아타리 쇼크의 영향력에서 벗어나기 위해 하드웨어 록 아웃 칩 반영 및 라이선스 제품 인증 표식을 부여하며 제품과 품질 관리에 힘썼다. 닌텐도는 질 낮은 게임에 지쳤던 이용자들에게 단비 같은 존재가 됐다. 이후 '세가'의 'SG-시리즈'와 '마크Ⅲ', '세가 마스터 시스템', '패미컴 디스크 시스템' 등 품질을 강조한 일본 게임기가 북미로 쏟아지기 시작했고 겨우 버티고 있던 북미 게임기 업체를 모조리 밀어낸다. '마이크로소프트Microsoft'의 '엑스박스Xbox'가 파상공세를 쏟아내기 전까지, 미국 게임 산업은 일본 산업에 끌려다니는 신세가 됐다. 놀런이 떠난 지 5년도 채 되지 않아 북미 게임 산업이 멸망하리라 생각한 사람이 있었을까. 아타리 쇼크는 게임뿐 아니라 전자기기 산업과 영화 산업에도 여파를 남겼다. 이로 인해 디지털 문화가 큰 하나의 방향을 잡게 됐으며, 품질이 소비자를 만든다는 철학이 크게 대두되기 시작한다.

〈슈퍼마리오〉와 〈팩맨〉, 자극을 다양화하다

평범한 영웅의 등장

1981년 7월 9일 출시된 〈동키콩〉 게임은 한 남자가 등장해 미녀를 구출하는 플랫폼(platform·발판) 액션 게임이었다. 특이한 점은 주인공의 모습이었다. 멋진 기사도, 시금치 먹은 뽀빠이[6]도 아닌 작업복 차림의 평범한 남자였기 때문이다. 그 평범한 남자는 곧 세계적인 인물이 되는데, 그가 바로 닌텐도의 대표 캐릭터인 '마리오'다. 〈동키콩〉 게임은 마리오가 굴러오는 나무통을 점프로 피하고 사다리를 타고 올라가 연결된

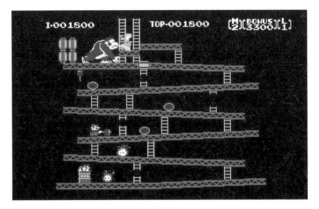

〈동키콩〉 게임 화면. 당시 이름은 '점프맨'이었다. ⓒNintendo

컨베이어 벨트를 끊어내면 동키콩이 추락해 미녀를 구하게 된다는 내용의 게임이었다. 스톱모션 기법과 특수 촬영이 더 해진 명작 〈킹콩King Kong〉[7]의 영향을 받았다.

　이 게임을 개발한 직원은 미야모토 시게루였다. 〈킹콩〉과 뽀빠이에서 영감을 얻은 그는 프로그래밍 외주를 둔 상태로 업무를 시작해 3개월 만에 〈동키콩〉을 만들었고, 〈동키콩〉은 닌텐도를 연 매출 1억 달러의 기업으로 탈바꿈시켰다. 그러나 미야모토는 만족하지 않았다. 모두가 게임에 집중할 때, 그는 캐릭터를 바라봤다. 미야모토는 조금 더 자유로운 스타일을 원했다. 다양한 시도 끝에 두 개의 버튼만으로 다양한 액션을 구사하는 독특한 게임을 출시한다. 그렇게 탄생한 게임

2012년 4월 〈슈퍼마리오 3D랜드〉 출시를 위해 한국을 방문했던 미야모토 시게루.

이 1985년 9월 13일 출시된 〈슈퍼마리오 브라더스〉다. 패미컴으로 출시된 이 게임은 일본에서만 681만 개, 전 세계적으로는 4000만 개 이상 팔렸다. 〈슈퍼마리오 브라더스〉는 8200만 장의 〈위 스포츠Wii SPORTS〉와 7500만 장의 판매량을 올린 크래프톤의 〈배틀그라운드PUBG: BATTLEGROUNDS〉 이전까지 가장 많이 팔린 '단일 플랫폼 패키지'라는 칭호를 갖고 있었다.

성공 요인에는 미야모토도 있었지만, 이색적인 매력을 뽐내는 마리오의 활약이 컸다. 버섯을 먹으면 성장하는 그는 지극히 평범한 느낌의 배관공이었다. 그런 캐릭터가 공주를 구하고 쿠파라는 악당을 제압하는 장면은 이상하리만큼 쾌감을 안겨 줬다. 이유는 간단했다. 모두가 멋지고 아름다운 캐릭

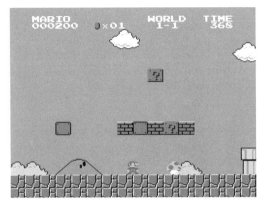

〈슈퍼마리오 브라더스〉게임 화면 ©Nintendo

터에 주력할 때 마리오는 완전히 다른 방향성을 보여 줬기 때문이었다. 누구나 가지고 있는 영웅이 되고 싶다는 생각을, 마리오라는 캐릭터가 실제로 구현해 냈다. 게임을 즐기는 평범한 사람들은 자연스레 마리오에 몰입했고, 그가 활약하는 판타지 세계에도 열광할 수 있었다.

그 인기에는 마리오라는 이름도 한몫했다. 이름은 닌텐도 북미 지사에서 탄생했다. 당시 닌텐도 북미 지사는 성과를 내지 못하고 있었고, 사무실 임대료도 밀린 상황이었다. 연체에 화가 난 건물주가 사무실을 항의 방문했는데 직원들이 태연하게 게임을 하는 상황을 보게 됐다. 그는 불같이 화를 냈다. 단단히 으름장을 놓던 건물주가 인상 깊었는지 북미 지사 직원 중 한 명이 미야모토에게 점프맨의 이름을 건물주 이름으로 하면 어떻겠냐고 제안했다. 마른 체형이었던 캐릭터의 모습도 약간은 통통한 모습으로 바꾸자고 덧붙였다. 설명을 들은 미야모토는 개발 중인 게임과 어울린다고 판단해 즉각 반영했다. 건물주의 이름은 '마리오 시갈리'였다. 그는 향후 〈슈퍼마리오〉가 대성공을 거두자 "저작권료 받으면 좋겠다"라는 농담을 남기기도 했다. 그렇게 마리오가 나오는 게임들은 날개 돋친 듯 팔리기 시작한다.

〈슈퍼마리오〉의 인기는 식을 줄 몰랐고 각종 플랫폼으로 확장돼 출시되기 시작했다. 본편 시리즈를 제외해도 약 250편이 제작돼 이용자를 만났으며, 파티나 카트 등의 스핀오프 게임으로 영역을 확장해 지금까지도 꾸준히 명맥을 이어오고 있다. 마리오는 링크와 함께 닌텐도의 얼굴이 됐다. 현재까지 〈슈퍼마리오〉 시리즈는 전 세계 5억 장 이상이 판매됐다. 액션과 난관 극복 등 여러 재미 요소가 있지만, 그 중심에는 게임을 즐기는 모두를 대변하는 평범한 캐릭터인 마리오가 있다. 미야모토의 천재성과 그의 게임을 향한 열정과 친근한 '이상한 나라의 배관공' 마리오의 결합은 디지털 엔터테인먼트 역사상 최고의 만남이었다.

여성을 공략하라

한편 1980년 5월 22일 출시된 남코의 〈팩맨〉은 1979년 10월 출시한 〈갤럭시안Galaxian〉과 함께 1980년대 남코의 중흥기를 이끈 대표작이다. 당시 일본 게임 센터에서는 슈팅 게임이 유행이었고, 이전 작인 〈갤럭시안〉의 성공으로 남코는 여유 있는 라인업 확대를 준비 중이었다. 그러던 중, 예상치 못한 인물의 등장으로 남코는 전혀 다른 장르 개발에 나선다. 바로 이와타니 토오루다. 그는 남성 위주의 게임 노선에 변화를 주고 싶었다. 뒤에서 구경만 하던 여성 이용자들을 전면에 내세운 게임이 나온다면 시장의 판도가 바뀔 것이라 판단했다.

이와타니는 여성들에게 어필할 수 있는 요소들을 정리했다. 결과적으로 폭력적 요소가 적고, 호기심을 이끌 아이템과 귀여운 캐릭터를 등장시키기로 한다. 그리고 스테이지 사이에 긴장을 풀 수 있는 휴식 시간이 필요하다고 생각했다. 그렇게 탄생한 〈팩맨〉은 그간의 게임 시장이 미처 확보하지 못했던, 여성 유저를 위한 게임이었다. 노란색 동그란 얼굴과 웃는 입이 인상적인 스마일 마크[8]가 캐릭터를 개발하는 데 많은 영향을 줬다. 익숙한 스마일 마크에 입을 움직이며 먹는 듯한 모습을 더해 이동하는 동작에 또 다른 의미를 부여했다. 하나의 행동이 여러 의미를 띠자 색다른 캐릭터가 탄생했다.

캐릭터가 먹는 것도 다양한 요소로 분화했다. 게임을

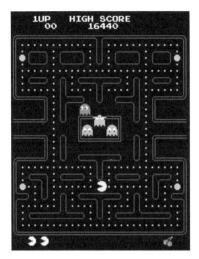

〈팩맨〉게임 화면 ⓒBandai Namco Entertainment Inc.

완료하기 위한 스테이지 구슬부터 보너스 점수 디저트, 그리고 큰 구슬인 '파워 펠릿'을 먹으면 도망치기만 해야 했던 적인 '유령'을 잡아먹을 수도 있었다. 이 요소는 보너스 점수와 재미로 시작됐지만 향후 많은 게임에 영향을 끼치게 된다. 이와타니의 아이디어는 내부 시연에서 호평을 받았고 특징에 맞춰 게임의 이름도 일본어 파쿠파쿠(ぱくぱく·뻐끔뻐끔)에서 착안한 〈팩맨PUCK MAN〉으로 결정됐다. 야심찬 시작이었지만 출시 직후의 반응은 좋지 못했다. 여전히 게임 센터는 남성 이용자 위주로 구성돼 있었고, 〈팩맨〉은 유치한 게임이라는 평가를 받았다.

남코는 해외로 눈을 돌렸다. 'PUCK'이 영어권 나라 비속어와 발음이 흡사하다는 지적에 맞춰 〈팩맨〉으로 이름을 바꿨다. 내부에서는 큰 기대를 하지 않았지만, 결과는 그 반대였다. 그야말로 초대박을 쳤다. 입소문은 바다 건너 일본으로 이어졌다. 〈팩맨〉에 대한 관심이 높아지자 오히려 게임기의 판매량도 함께 오르기 시작했다. 이와타니는 〈미즈 팩맨Ms. PACMAN〉이라는 새로운 게임도 출시했다. 게임 센터에 온 여성 이용자들은 너나 할 것 없이 〈팩맨〉을 선택했다. 〈팩맨〉 돌풍이 전 세계를 휩쓸자 다양한 문화가 만들어졌다. 일본에서는 자신의 기업을 매수하려는 상대 기업을 역으로 매수하는 방식으로 막아내는 전략을 일명 '팩맨 방어'라고 불렀다. 〈팩맨〉은 '동전을 넣고 하는 게임기 가운데 가장 성공한 게임'으로 기네스북에 올랐고 수많은 아류작을 탄생시켰다. 남코는 〈팩맨〉의 성공을 발판으로 다양한 연령층을 겨냥한 게임들을 내놓기 시작한다. 남코는 이후 출시된 〈갤러그Galaga〉로 또 대박을 터뜨렸고 〈제비우스〉와 캐주얼 퍼즐 게임 〈디그더그〉[9]로 연타석 홈런에 성공하며 세계적인 게임 개발사로 입지를 다졌다.

하지만 그 무엇보다 중요한 〈팩맨〉의 가치는 여성에 대한 존중이었다. 〈팩맨〉은 남성 위주의 게임 센터에 새로운 바람을 불러 왔고 이후 게임 산업은 여성과 가족 친화적인 게임에 눈을 돌리기 시작했다. 한 명의 생각은 나비 효과가 돼 게임 산업 전체를 움직였다. 〈팩맨〉의 성공은 게임이 추구하는 가치를 잘 보여 준 대표적 사례다. 〈팩맨〉 이후 게임은 누구나 즐길 수 있는 것이 됐고, 폭력적이거나 자극적이지 않아도 재미있게 빠져들 수 있는 대상이 됐다. 게임을 바라보는 새로운 인식은 다양한 성공작의 탄생으로 이어졌다. 〈팩맨〉이 아직까지 사랑받는 이유다.

세가의 얼굴이 된 〈소닉〉

매력적인 캐릭터와 최신 게임기의 결합이 가져온 효과는 이미 닌텐도의 마리오로 증명됐다. 세가는 마리오처럼, 자신들에게도 상징이 될 얼굴이 필요하다고 판단한다. 당시 개발 중이던 게임기 '메가 드라이브'의 성공을 위해서도 모두를 유혹할 캐릭터가 필요했다. 세가에는 새로운 캐릭터를 개발할 스튜디오 'AM8'이 만들어진다. 수장에는 나카 유지가 선발됐다. 임원진의 주문을 확인한 나카는 사내 공모전을 내고 디자인 수집에 들어갔다.

캐릭터에 대한 논의가 오가는 가운데, 게임 개발도 탄력을 받아 나아갔다. 큰 방향성은 〈슈퍼마리오〉를 벤치마킹하면서도 속도감은 높이고, 조작은 더 쉽게 만드는 것이었다.

빠른 속도감은 연출로 구현할 수 있었다. 개발 초기 〈소닉 더 헤지혹〉은 캐릭터를 중심에 두고 움직이는 식이었다. 때문에 사물이 빨리 지나가는 느낌보다는 캐릭터가 허공에 뜬 느낌이 강했다. 이 지점을 보완하기 위해 개발자들은 실제 레이싱이나 축구 중계 장면에서 카메라가 황급히 자동차와 공을 따라가는 장면을 참고했다. 결과적으로 소닉보다 한 발짝 늦게 따라가는 카메라 워크가 게임에 반영됐다. 결과는 대성공이었다. 테스트를 한 세가 직원들은 소닉이 달리다가 장애물에 충돌하거나 360도 턴을 돌 때 '움찔' 할 정도로 놀랐다. 카메라 연출 하나로 원하던 특징이 명확하게 살아났다. 조작은 한 개의 버튼과 십자 키 조합으로 구성됐다. 나카는 〈슈퍼마리오〉 플레이에서 빠르게 달리기 위해 버튼을 계속 누르고 있는 것이 불편하다고 느꼈다. 이 지점을 보완하고자 〈소닉 더 헤지혹〉에서는 방향키 하나만으로도 천천히 속도가 올라가도록 만들었다.

캐릭터 개발도 게임의 콘셉트에 맞추어 진행됐다. 캐릭터가 충족해야 하는 조건은 두 가지였다. 빠른 속도감과 생동감을 표현할 수 있어야 했고, 점프 동작에 공격 요소가 포함돼야 했다. 그때 나카의 머리를 스쳐 지나가는 동물이 있었다. 아르마딜로와 고슴도치였다. 아르마딜로와 고슴도치는 자신을 지키기 위해 몸을 둥글게 만다. 나카와 팀원들은 본격적인 연구에 돌입했다. 공격과 방어에 적합한 가시를 갖고 있고, 생동감을 표현하기 유리한 고슴도치가 최종 캐릭터로 선정됐다. 이름은 속도감을 표현하는 단어인 '슈퍼소닉Supersonic'을 줄인 '소닉'으로 가닥을 잡았다. 색상도 세가를 상징하는 파란색으로 정해졌다.

출시가 임박한 시점에 세가 북미지사 직원들이 테스트에 참여했다. AM8 팀이 원한 북미 성향을 구현했는지가 확인되는 순간이었다. 결과는 '나쁘지 않다Not Bad'였다. 예상치 못한 의견에 당황한 나카는 어떤 점이 문제인지 물었다. 담당자는 "게임이 너무 어렵다"고 말했다. 담당자는 넌지시 목숨을 의미하는 '링'이 한 개라도 남아 있으면 죽지 않게 하는 방향을 제안했다. 이는 플랫폼 게임이 가진 공통적인 특징이자 난도를 높이는 요소인 '한 방에 게임 오버' 시스템과 미션 완료 목표를 단순화하자는 제안이었다. 나카는 프로그래머에게 곧바로 지시를 내려 링 시스템을 수정했다. 수정 이후 링의 개수는 높은 점수를 달성하기 위한 목표일 뿐, 스테이지를 완료하는 것에는 영향을 주지 않게 됐다. 링 시스템의 변화 하나만으로도 게임은 완전히 다른 형태가 됐다. 이 변화는 〈소닉 더 헤지혹〉과 16비트 게임기 '메가 드라이브'의 대성공으로 이어졌다. 독특한 파란 초음속 고슴도치는 신선한 느낌을 줬고 속도감과 성취감과 재미를 주는 게임성은 젊은 이용자들을 매료했다. 세가의 메가 드라이브는 1991년 6월 23일 나온 〈소닉 더 헤지혹〉의 인기에 힘입어 1985년 이후 줄곧 1위를 지키고 있던 닌텐도를 밀어내고 콘솔 게임기 시장의 과반을 차지하는 기염을 토한다. 〈소닉 더 헤지혹〉의 종합 판매량은 1500만 장으로, 소닉 게임 전체 시리즈 중 가장 높은 판매량을 기록했다.

이후 소닉은 세가의 마스코트로 자리매김한다. 소닉의 등장은 아타리 쇼크로 기울어버린 운동장이 된 북미 콘솔 시장에 지각 변동을 일으킨 사건으로 회자된다. 예상치 못한 반격에 닌텐도는 휘청거렸고 북미 공략에 열을 올리기 위한 새로운 타이틀 준비에 매진하게 됐다. 파란 고슴도치를 내세운 세가는 '메가 드라이브'와 '세가 제네시스', '세가 새턴', '드림캐스트'로 연결되는 콘솔 라인업을 통해 닌텐도와 경쟁한다. '플레이스테이션'이라는 신흥 강자가 등장하기 전까지, 세가와 닌텐도는 경쟁을 이어가며 1990년대의 콘솔 게임 시장을 풍미했다.

2

폭력성과 선정성,
새로운 규칙의 등장

1990년대를 지나며 게임 업체들은 사활을 걸고 싸우기 시작했다. 남들과 다른 시도, 방향에 집착했고 새로운 것을 만들기 위해 혈안이 됐다. 그들이 아타리 쇼크를 반복하지 않기 위해 선택한 카드는 눈앞에 보이는 한계를 깨는 것이었다. 새로운 시도 앞에는 더 나은 개발 환경과 수많은 플랫폼이 기다리고 있었다. 무서울 것이 없었다. 제대로 된 광고나 마케팅 방식이 자리 잡기 이전이었던 1990년대, 게임을 홍보할 수 있는 건 게임 그 자체밖에 없었다. 성공하기 위해 게임은 더 자극적으로 변했고, 더 선정적인 내용을 포함하기 시작했다.

〈모탈 컴뱃〉과 〈둠〉은 시대를 가로막고 있던 관념을 부순 사례였다. 이들은 게임 산업에 새로운 규칙을 도입해 산업 전체의 부흥을 이끌었지만, 한편으로는 잔혹하고 선정적인 게임이 범람하는 출발점이 되기도 했다. 〈레저슈트 래리〉의 등장은 미국 성인 게임 다양화의 포문을 열었고 〈동급생〉은 미소녀 연애 시뮬레이션의 기반을 마련, 지금의 하위문화 탄생에 이바지했다. 새롭게 열린 온라인 게임의 시대는 게임의 재미와 사회적 문제를 동시에 안겨줬다. 범죄 게임은 과도한 폭력성에 대한 도덕적 경각심을 이끌었고, 잔혹한 연출의 공포 게임, 플랫폼에 맞춰 변화한 도박성 게임의 등장은 새로운 세일즈 포인트의 탄생이자 논란의 시작이었다. 게임 산업은 1980년대보다 빠르게 진화했고, 게임만이 줄 수 있는 자극이 돈이 되기 시작했다. 모두가 게임을 즐기게 된 이 시기, 새로운 규칙은 산업 전체에 지각 변동을 일으켰다.

더 잔혹하게, 더 살벌하게 〈모탈 컴뱃〉

1980년대 말 게임 산업은 자극을 찾아 빠르게 나아가고 있었다. 일반적인 우주 전쟁으로는 눈 높은 유저들의 지갑을 열 수 없었다. 돈을 벌기 위해서는 남들과 다른 확실한 차별성이 필요했다. 가장 쉬운 방법은 폭력성과 선정성이었다. 1992년 8월 아케이드 게임으로 출시된 격투 게임 〈모탈 컴뱃Mortal Kombat〉은 폭력성 논쟁의 시작이었다. '캡콤CAPCOM'의 〈스트리트 파이터2Street Fighter 2〉가 나온 지 1년 조금 지난 시점에 등장한 이 게임은 개발사가 조심하던 일종의 선을 차분하게 '페이탈리티Fatality'[10]해 버린다. 스타일도, 게임성도, 보이는 모든 부분을 말이다.

닌텐도의 패미컴은 아타리 쇼크 이후 위축된 북미 게임 시장을 장악했다. 당시 닌텐도는 논란을 피하고자 신체 훼손이나 죽음 등의 자극적 요소가 담긴 게임을 출시하지 않았다. 잔혹한 게임들은 아케이드 게임으로는 계속 나왔지만, 거실을 장악한 패미컴으로는 이식될 수 없었기에 애초에 개발조차 시작하지 않는 경향이 강했다. 하지만 개발자 에드 분Edward John Boon의 입장에서는 말도 안 되는 소리 같았다. 에드에게 게임 개발은 하나의 창조였다. 창조 행위에 제한이 없듯, 게임 개발도 그래야 했다. 남들과는 다른 자신만의 게임을 만들고 싶었던 그는 든든한 친구 존 토비아스John Tobias와 함께 남들이 따라 할 수 없는 스타일의 게임을 만들기로 한다.

에드는 개발팀과 함께 차이나타운을 배경으로 한 영화 〈빅 트러블Big Trouble〉부터 동양을 다룬 코믹스와 서적을 탐독하며 홍콩과 중국, 일본의 고대 문화와 무술을 연구했다. 그렇게 탄생한 공간이 수많은 필멸자Mortal가 영원히 싸우는Combat 동양풍의 아웃 월드Out World다. 차별화는 여기에서 끝나지 않았다. 〈모탈 컴뱃〉은 인기 게임 〈스트리트 파이터2〉와 차별화를 하기 위해 '실사 모션 캡처' 방식을 도입한다. 움직임을 여러 장의 사진으로 찍고, 이를 빠르게 전환하는 방식이었지만 결과물은 나쁘지 않았다. 그래도 무언가 부족했다.

존이 말했다. "완벽한 승리를 느끼게 해줄 순 없을까?" 격투 게임에서 한 대도 맞지 않고 승리하는 완승(퍼펙트) 같은 시스템에 대해 고민하던 중 나온 질문이었다. 에드는 순간 뒤통수를 한 대 맞은 듯 정신이 번쩍 들었다. 차별화에 대한 고민을 해결할 중요한 키워드가 등장한 것이다.

"그래, 맞아. 완벽한 승리… 상대방을 완전히 보내 버리는 방법을 도입하자."

〈모탈 컴뱃〉의 페이탈리티 장면 ©NetherRealm Studios

　　에드는 세 명의 팀원을 불러 자신의 아이디어를 전했다. 승패가 결정된 후 상대방을 죽일지 말지를 결정하자는 것이었다. 이 기술을 비밀처럼 감춰 둔다면 유저의 호기심을 자극할 것이라 내다봤다. 이 기능이 바로 '페이탈리티'였다. 개발은 끝을 향해 달려갔다. 게임성에 대한 업체들의 반응은 시큰둥했다. 〈스트리트 파이터2〉에 익숙한 유저들은 완전히 다른 모습의 〈모탈 컴뱃〉에 동전을 쓰지 않았다. 하지만 게임 잡지에 상대방을 완전히 보내 버릴 수 있는 비밀 기술의 존재가 드러나자 이를 확인하기 위한 유저들의 발걸음이 기기 앞으로 몰리며 순식간에 화제작에 올랐다. 페이탈리티 기능 덕분에 〈모탈 컴뱃〉은 없어 못 팔 정도의 게임이 된다. 하지만 곧

페이탈리티는 여러 단체의 표적이 됐다.

1993년 12월 미국의 정치인 조 리버먼Joe Liberman 상원 의원은 〈모탈 컴뱃〉의 폭력성이 아이들의 병들게 할 것이기 때문에 게임의 유통과 개발을 막아야 한다고 주장했다. 게임이 정치판 한가운데에 선 첫 번째 사례였다. 그러나 이 사건은 게임의 화제성만 키워주는 꼴이 됐다. 〈모탈 컴뱃〉은 '슈퍼 패미컴'과 '메가 드라이브' 같은 거치형 게임기를 포함해 20여 개의 플랫폼으로 이식됐다. 페이탈리티나 선혈 효과를 제외한 클린 버전이 나오기도 했지만, 개발사가 숨겨 놓은 또 다른 비밀 커맨드로 원작과 동일한 형태로 플레이할 수 있었다. 에드와 동료들은 1편 성공을 바탕으로 후속작 개발에 착수한다.

잔혹성 때문에 화제가 됐지만 〈모탈 컴뱃〉의 성공에는 여러 비밀이 존재한다. 〈스트리트 파이터2〉와는 철저히 다른 방향으로 제작돼 서양식 격투 게임에 새로운 방향성을 제시했고, 기존 게임들에서 볼 수 없던 신선한 시도로 무수한 격투 게임에 지대한 영향을 끼쳤다. 공중 콤보 도입, 가드 버튼 사용과 숨겨진 캐릭터 등장, 스테이지를 활용한 사망 신 연출, 꼼수 플레이를 방지하는 제한 요소도 모두 〈모탈 컴뱃〉에서 처음 선보인 기능이었다. 〈모탈 컴뱃〉 이후의 격투 게임은 싸워 이기는 걸 넘어서 다양한 요소를 포함하게 됐다. 이후 〈모탈 컴뱃〉 시리즈는 〈철권〉과 〈버추어 파이터Virtua Fighter〉와 같은 유명 격투 게임의 등장과 1인칭 슈터 게임의 강세에 점차 인기를 잃어 간다. 64명의 캐릭터가 나오는 〈모탈 컴뱃: 아마게돈Mortal Kombat: Armageddon〉의 실패 이후 유통사 '미드웨이Midway'가 도산하면서 2008년 출시한 〈모탈 컴뱃 vs DC유니버스Mortal Kombat vs. DC Universe〉를 끝으로 사라지게 됐다. 획기적이었던 〈모탈 컴뱃〉의 성공은 〈둠〉과 같은 아류작의 탄생을 견인했다. 성인을 겨냥한 게임이 산업의 중심에 설 수 있던 계기가 되기도 했다. 그러나 동시에 게임의 폭력성이 사회적 이슈가 되는 시작점이기도 했다. 이 때문에 다양한 국가의 게임 수입 심사가 까다로워지기도 했으며, 이후의 수많은 심의 제도의 탄생을 이끌었다.

폭력이라는 예술 〈둠〉

1993년 12월 10일 미국 위스콘신대학교University of Wisconsin의 파크사이드 전산망을 통해 배포된 〈둠DOOM〉은 1990년대 게임 문화를 바꾼 터닝 포인트다. 〈둠〉은 게임 개발 스튜디오인 '이드소프트웨어id Software'의 존 카맥John D. Carmack과 프로그래머 존 로메로John Romero, 게임 디자이너 샌디 피터슨Sandy Petersen이 제작한 1인칭 슈터 게임이다. 시작은 1992년 출시된 슈터 게임 〈울펜슈타인 3DWolfenstein 3D〉였다. 존은 게임 개발 과정에서 발생할 수 있는 예기치 못한 사고를 예방하기 위해 빠른 렌더링, 높낮이 표현, 제한 없는 텍스쳐 매핑이 가능한 새로운 엔진 개발에 나섰다. 이 엔진이 바로 2000년 후반까지 꾸준히 사용된 '이드 테크id Tech' 엔진이었다. 〈둠〉은 리들리 스콧 감독의 영화 〈에일리언ALIEN〉의 공상과학적 요소와 영화 〈이블 데드2The Evil Dead 2〉를 결합해 기획했다. 1년에 걸친 개발과 38시간의 테스트 후, 〈둠〉은 인터넷을 통해 배포되기 시작했다.

〈둠〉의 인기는 미국을 집어삼켰다. 가정은 물론 대학, 회사까지 모든 곳에서 〈둠〉을 만날 수 있었고, 〈둠〉이 설치된 플로피 디스크는 여러 손을 거쳐 한참 뒤에나 돌아왔다. 오죽하면 사람들이 몰래 설치한 〈둠〉을 찾아 지우는 프로그램이 나올 정도였다. 하지만 〈둠〉을 일약 스타로 만든 건 게임 매장이 아닌 정치판이었다. 1980년대의 게임들은 순수했다. 기술구현 자체에 흥미를 느꼈고, 영화나 현실 속 요소를 낮은 성능에서 구현하는 것이 목표였다. 그러나 〈둠〉은 달랐다. 악마의 지배를 받는 화성 기지에는 제물이 된 사람들의 사체가 가득했고, 악마에 씐 군인들은 서로를 공격했다. 주인공만 보면 미친 듯이 달려드는 괴이한 모습의 악마들과 피가 낭자한 장면은 강렬한 자극을 원하던 유저를 단숨에 집어삼켰다.

잔혹한 영화나 공포 소설은 흔했지만 〈둠〉은 극대화된 몰입을 선사했다. 1인칭 시점으로 직접 공포를 체험할 수 있었

〈둠〉 게임 화면 ©id Software

고, 현실적인 그래픽과 강렬한 배경 음악은 실제로 플레이어
가 게임 속에 던져진 듯한 감각을 선사했다. 지옥에서 살아남
느라 바쁜 유저들을 보며 정치권은 이 게임을 쟁점화시켰다.
〈둠〉의 폭력성은 매일 뉴스 헤드라인을 차지했고 잔인하다는
이유로 정치인과 학회의 집중 공격을 받았다. 결국 1994년, 게
임 유통사의 자발적인 자율 심의 기구인 'ESRB(Entertainment
Software Rating Board)'가 등장하게 된다. 1999년에는 '컬럼바
인 고교 총기 난사 사건'[11]의 범인들이 〈둠〉의 열광적 팬이라
는 것이 알려지면서 다시 한번 잔인한 게임을 규제해야 한다
는 목소리가 나왔다.

　　잔혹한 표현을 내세우 는 게임은 〈둠〉뿐만이 아니었다.

한 해 앞서 출시된 아케이드 게임 〈모탈 컴뱃〉이나, 1988년 출시된 〈스플래터 하우스Splatterhouse〉, 1986년도에 나온 〈칠러 Chiller〉가 보여 준 폭력성은 〈둠〉 못지않게 심각한 수준이었다. 하지만 〈둠〉이 다른 게임과 달리 직격탄을 맞은 이유는 화제성 때문이었다. 〈둠〉이 보이는 원색적인 폭력성은 단순하지 않았고 화려했으며 어떤 순간에는 예술적이라는 생각까지 들 정도였다. 많은 개발자가 앞다투어 〈둠〉을 벤치마킹한 이유도 그 때문이다. 〈둠〉의 단순하지 않은 잔혹함은 개발자들에게 새로운 영감이었다.

그 화제성 덕분에 〈둠〉은 모든 게임의 폭력성을 이끈 군주가 됐고 비난의 화살을 막는 방패가 됐다. 그러나 이 게임이 추구한 창조적 포인트는 폭력성에만 있는 것이 아니었다. 〈둠〉은 1인칭 슈팅(FPS·First Person Shooter)을 규정했다. 키보드와 마우스를 사용해 시야를 움직이고, 점프로 높낮이를 느낄 수 있도록 만들어 고정된 시점에서 벗어난 새로운 영역을 끌어 냈다. 〈둠〉 이후 1인칭 슈팅 게임은 하나의 장르로 정착한다. 1990년대 후반에는 완전한 3D 형태의 1인칭 슈팅 게임이 등장하기에 이른다. 이때의 게임들은 〈둠〉의 아류작, 클론 이미지에서 벗어나 각자만의 개성을 가진 작품들로 발전하며 게임 시장 성장의 황금기를 주도했다.

하지만 이 모든 결과물도 〈둠〉이 이룩한 업적을 이길

〈스플래터 하우스〉 게임 화면 ⓒBandai Namco Entertainment Inc.

수 없었다. 정치와 교육, 사회 전반에 지대한 영향을 끼친 〈둠〉은 꾸준한 시리즈를 배출하며, 현재까지도 명성을 지켜 오고 있다. 2009년 '제니맥스미디어ZeniMax MEDIA'로 인수된 이드소프트웨어는 2020년 마이크로소프트의 품에 안긴다. 자리는 바뀌었지만 〈둠〉의 행보는 계속되고 있다. 2017년에 는 시리즈 첫 VR(Virtual Reality·가상 현실) 게임 〈둠 VFR〉이 출 시됐고, 〈둠 이터널〉은 첫 한글 자막으로 2020년 3월 국내에 출시됐다. 현재 이드소프트웨어는 또 다른 FPS 게임인 〈퀘이 크〉 시리즈 리부트를 개발하고 있다.

연애 시뮬레이션 게임의 판도를 바꾼 〈동급생〉

1992년 12월 게임 업체 '엘프ELF'가 출시한 비주얼 노벨 게임 〈동급생〉은 아시아 성인 게임 판도를 바꿨다. 첫 출시 당시 일본에서 10만 장 넘는 판매량을 기록했는데 이는 PC용 성인 게임으로는 최초였다. 이 게임의 성공은 '미소녀 연애 시뮬레이션' 장르의 탄생을 알렸고, 〈두근두근 메모리얼〉과 같은 후속작의 탄생을 이끌었다.

〈동급생〉의 탄생은 급격히 변화하던 당시의 일본 사회상과 밀접한 관련이 있다. 1980년대 말, 일본 애니메이션 산업은 침체기에 빠졌다. 1985년 진행된 플라자 합의Plaza Agreement[12]로 인해 엔화 가치가 상승하며 해외 합작이 크게 줄었던 탓이다. 방송국은 캐릭터 상품을 제작하기 쉽고 성공 가능성이 큰 아동용 애니메이션에 주력하기 시작하면서, 만화 작화를 비롯한 애니메이션 분야의 구직난이 심화했다. 이들이 살기 위해 눈을 돌린 곳은 게임 외주나 하청 작업이었다. 1983년 패미컴의 인기는 많은 작화가들의 터전이 됐고, 이들은 패키지와 매뉴얼, 포스터 같은 작업물을 통한 수익으로 비수기를 이겨 낸다. 게임 전문 작화가 등장한 시점도 이때다.

그중 일부는 자신의 원화로 게임을 만들어 주길 바라는 사람도 있었다. 마니아를 대상으로 판매되는 애니메이션인 OVA(Original Video Animation), 〈로도스도 전기〉로 잘 나가던 타케이 마사키도 그랬다. 시장의 변화를 느낀 그는 당시를 "애니메이션보다 게임의 시대"라고 말한 후 그간 쌓아온 포트폴리오를 들고 게임 업계에 발을 들인다. 타케이에게 가장 먼저 손을 내민 곳은 '재팬 홈 비디오Japan Home Video'였다. 재팬 홈비디오는 1991년 '가이낙스GAINAX'에서 출시해 대박을 터뜨린 〈프린세스메이커Princess Maker〉와 흡사한 육성 게임을 준비하고 있었는데, 다른 게임과의 차별화를 위해 애니메이션과 비슷한 느낌을 주고 싶었다. 재팬 홈 비디오 측은 다섯 명의 여학생을 교육해 무사히 졸업하게 만드는 내용의 기획안을 보여줬고 타케이는 흔쾌히 원화를 그려 나간다. 이렇게 탄생한 게임이 국내에서도 많은 인기를 끈 〈졸업(卒業·Graduation)〉이다. 참신한 게임성과 타케이의 미려한 작화는 엄청난 시너지를 냈다. 높은 판매량은 물론, 큰 화제를 부르며 드라마 CD[13]와 라이트 노벨, 애니메이션으로 미디어 믹스됐다.

타케이가 그린 원화의 인기도 덩달아 높아졌는데 많은 게임사가 앞다투어 원화를 요청할 정도였다. 그때 타케이의 눈에 들어온 기획안이 하나 있었다. 바로 엘프의 〈동급생〉이었다. 성인 게임이라는 셀링 포인트와 독특한 스타일의 게임성은 타케이를 매료시켰다. 개발진도 화답했다. 타케이가 그린 원화 느낌을 제대로 내기 위해 개발진이 심혈을 기울여 구현한 도트 이미지는 최고 수준이었고, 게임의 화사한 분위기는 퇴폐적인 느낌의 다른 성인 게임들과 달랐다. 이 요소들은 〈동급생〉 판매에 지대한 영향을 끼쳤다. 성인 게임이지만 밝은 느낌과 아름다운 원화는 일반인들 사이에서도 화제가 될 정도였다.

　게임성도 독특했다. 기존 성인 게임들은 문제를 맞히거나 미니 게임을 이기면 선정적인 이미지를 보여 주는 식의 단순한 진행이 많았다. 이와 달리 〈동급생〉은 실제 데이트를 하듯 반복적으로 만남을 이어 나가고, 상대의 일정을 파악하는 등의 현실적인 재미를 담았다. 실제 연애처럼 캐릭터들을 공략해야 했고 잘못된 선택을 하거나 이벤트를 놓치면 여성 캐릭터와 헤어져야 했다. 마치 연애 소설을 읽는 듯한 수려한 문장, 그리고 마우스로 캐릭터의 반응을 볼 수 있는 '포인트 클릭' 요소도 인기가 많았다. 〈동급생〉의 초기 설정은 평범한 성인 게임이었다. 개발사 대표이자 시나리오 작가였던 히루타 마사토는 타케이의 원화를 보고 "이 그림으로 이딴 게임을 만드는 건 작화가에게 실례다!"라고 성토하며 캐릭터마다 배경과 이야기를 부여했다. 캐릭터의 다양한 감정선을 살릴 수 있는 사건 전개가 더해지며 지금 모습의 〈동급생〉이 탄생했다.

　〈동급생〉의 성공으로 엘프는 최고의 성인 게임 개발사로 등극한다. 〈동급생〉의 인기는 본격적인 미소녀 연애 시뮬레이션 장르의 황금기를 열었다. 성공작 중에는 '코나미'를

〈동급생〉 윈도우 버전 게임 화면 ⓒDMM

대형 게임 개발사로 성장시키는 데 일조한 〈두근두근 메모리얼〉이 있다. 이 게임은 최초의 전 연령 대상 미소녀 연애 시뮬레이션 게임이었다. PC로 출시 후 큰 성공을 거두고 플레이스테이션과 세가의 '새턴' 등의 유명 기종으로 이식됐다. 미소녀 연애 시뮬레이션 황금기는 '디지털 연애'의 시작이자, '오타쿠'라 불리는 팬덤이 대중에게 널리 알려진 계기이기도 하다. 〈동급생〉은 미소녀 연애 시뮬레이션 게임의 시대를 열었을 뿐 아니라 게임의 장르를 다양화하고, 다채로운 방식의 2차 콘텐츠 생산을 이끈 주인공이었다.

성인만을 위한 블랙 코미디 〈레저슈트 래리〉

한편 미국에서는 못생긴 얼굴에 탈모가 있는 40대 남성의 이야기로 성인 게임 시장에 뛰어든 이들이 있었다. 바로 '시에라 엔터테인먼트'의 어드벤처 게임 〈레저슈트 래리Leisure Suit Larry in the Land of the Lounge Lizards〉다. 시에라 엔터테인먼트는 성인 게임에 대한 수요와 시장성을 봤던 개발사였다. 이들이 준비하던 후속작은 전작인 노골적인 성인 게임, 〈소프트포르노 어드벤처Softporn Adventure〉와 달라야 했다. 시에라의 대표였던 켄윌리엄스Ken Williams의 고민은 내부 개발자에게도 퍼졌다. 이야기를 접한 인물 중에는 프로그래머 앨 로Al Lowe도 있었다. 앨은 공립 학교의 음악 교사로 살다가 1982년 독학으로 프로그래밍을 배워 시에라에 들어온 유쾌한 성격의 괴짜였다. 고심 끝에 켄의 사무실에 온 앨은 긴장된 모습으로 며칠에 걸쳐 만든 기획서를 내밀었다. 키 작고 못생긴 탈모가 있는 40대 노총각이 전국을 돌아다니며 미녀를 찾는 내용의 기획안이었다. 켄은 앨의 기획이 은유적이면서도 과하지 않다고 판단했다.

1987년, 텍스트 타이핑 어드벤처 〈레저슈트 래리〉가 탄생한다. 주인공인 래리가 여성을 유혹하면 게임은 완료된다. 평범한 시뮬레이션 게임처럼 보이지만 게임의 단면들은 〈레저슈트 래리〉가 어쩌다 미국 전역에서 논란과 화제를 불렀는지를 보여 준다. 게임 속에는 매춘부의 실상부터 형편없는 치안, 그리고 각종 화장실 유머와 성적 농담이 진하게 녹아 들어 있었다. 수위 높은 농담과 은유적 표현은 덤이었다. 출시 당시 〈레저슈트 래리〉의 판매량은 저조했다. 광고가 어려웠던 탓이다. 아타리 쇼크 이후, 빚어진 자극적인 게임에 대한 논란은 상황을 더욱 어렵게 만들었다. 게임 소매점들도 항의를 의식해 제품을 전시, 판매하는 것을 거부하기도 했다. 〈레저슈트 래리〉의 첫 달 판매량은 4000장 정도였다.

그러나 입소문의 힘은 셌다. 거칠지만 유머러스하다는 호평은 〈레저슈트 래리〉의 판매량을 견인했다. 판매량은 빠르게 상승해 그해 말 25만 장을, 다음 해엔 30만 장을 올린다. 앨의 노력으로 후속작은 꾸준히 나왔고, 후속 7편인 〈러브 포 세일!Leisure Suit Larry: Love for Sail!〉까지 누적 판매 200만 장 이상을 기록했다. 원작자인 앨이 잠시 자리를 비운 사이, 〈래리〉를 상징하는 그림체는 사라지고 노골적인 노출이 포함됐으며, 은유적인 표현이나 사회 문제를 보여 주는 블랙 코미디 대신 지저분한 성적 농담이 담겼다. 신작 〈마그나 쿰 라우데Leisure Suit Larry: Magna Cum Laude〉는 완전히 실패했다. 허술한 게임성과 망가진 캐릭터, 그리고 본래의 매력인 블랙 코미디가 사라지자 〈래리〉 시리즈는 사람들에게 부정적인 기억으로 남았다. 앨 이후의 개발자들이 〈레저슈트 래리〉의 인기 요인을 분석하지

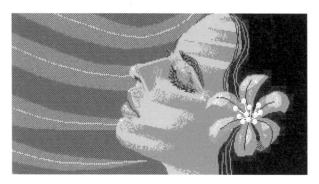

〈레저슈트 래리2〉 게임 화면. 성에 대한 직접적인 묘사보단 은유적이나 감성적인 연출로 많은 사랑을 받았다. ⓒAssemble Entertainment

못한 탓이었다. 〈레저슈트 래리〉는 그저 선정적인 성인 게임을 넘어 다양한 사회적 문제에 은유적으로 접근한 작품이었다. 코미디는 당시의 시대상을 담는 일종의 방법론이었다. 이러한 사회 비판적 요소는 그간의 게임에는 부재했던 것이었다.

　〈래리〉 시리즈는 현대 사회의 모순과 불편한 문제를 다룬 성인 게임의 등장을 이끌며 게임이 사회문화적인 콘텐츠로 소비될 수 있다는 지점을 드러냈다. 흥미로운 사실은 이 게임의 구매자 중 40퍼센트가 여성이었다는 점이다. 그동안 대부분의 성인 게임이 남성 타깃의 콘텐츠였음을 생각하면 〈래리〉의 등장은 시장의 변화를 주도한 시도였다.

1990년대 중·후반은 게임 장르의 르네상스 시대였다. 이 시기, 고정관념에서 벗어난 게임 장르들이 대거 출시되며 성공을 거뒀다. 성공작을 따라하는 아류작도 쏟아졌고, 기존 작품의 특징을 교묘하게 튼 작품이 원작보다 성공을 거두는 일도 생겼다. 아타리 쇼크로 휘청거리던 북미 게임 산업은 장르의 힘에 입혀 조금씩 일어섰다. 장르 폭발 시기의 게임은 그야말로 새로움 그 자체였다. 개발사들의 작은 선택은 큰 변화를 만들었다. 〈디아블로〉의 성공은 턴turn 시스템을 실시간으로 바꾼 것에서 비롯했다. 장르 르네상스의 시기, 게임은 문화로서의 가치를 인정받기 위해 싸웠다. 게임은 사회적 화젯거리이자, 동시의 논란의 대상이었다. 더불어 게임은 점차 대중이 숨 쉬는 일상의 공간으로 침투하기 시작했다. 장르의 부흥이 게임 대중화의 시기를 앞당겼다고 볼 수 있다.

여러 장르의 탄생은 동시에 새로운 게임 탄생의 진입장벽이 되기도 했다. 남들과는 달라야 한다는 생각 때문에 게임 개발에는 더 큰 비용과 시간이 소요됐다. 이제 게임 산업은 이전처럼 소수의 인원이 모여 만드는 작업물이 아니었다. 그보다는 수십 명이 투입되는 거대한 프로젝트에 가까웠다. 게임이 문화가 되자 상업화에 대한 시도가 뒤따랐고, 이로 인한 부작용도 적지 않았다. 그저 다른 성공 사례를 따라만 가는 아류작도 많았고, 그래픽과 영상만 보기 좋은 저질 게임들이 생겨나기도 했다.

플랫폼의 홍수도 문제였다. 수많은 게임을 자신의 플랫폼에 담기 위한 경쟁이 본격화하며 특징 없이 성능만 앞세운 게임기가 시장에 쏟아졌다. 엉성한 게임과 비싼 게임기의 만남은 게임 산업 전체에 대한 의문으로 귀결되기도 했다. 무수한 게임기가 20종도 안 되는 게임을 내고 3년도 채 버티지 못한 채 사라졌다. 게임을 잘 만들어야 성공한다는, 아타리 쇼크가 낳은 교훈이 10년도 지나지 않은 시점이었음에도 말이다. 게임 장르의 부흥기는 문화로서의 게임을 알린 동시에 다양한 부작용을 낳았다. 문화로 정착한 게임은 이 시기의 부작용을 이겨 내고 나아 가야만 했다. 장르의 부흥기는 게임에게 한 가지 과제를 남겼다. 1990년대의 무수한 아케이드 게임이 고난의 시기를 지났던 것처럼, 2000년대 쏟아진 게임도 다양한 부작용을 넘어서 문화로서, 상품으로서 정착해야 했다.

전 세계를 강타한 격투 게임 〈스트리트 파이터2〉

1987년 출시된 '캡콤'의 격투 게임 〈스트리트 파이터Street Fighter〉에 대한 평가는 그리 좋지 못했다. 어려운 조작과 빠른 전개로 인해 플레이어는 무력하게 적들의 공격에 당할 수밖에 없었다. 선택할 수 있는 캐릭터도 두 명에 불과했다. 당시에는 낯선 커맨드command 입력 방식도 유저들에게 혼란을 주

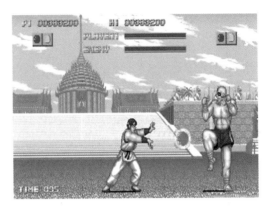

〈스트리트 파이터〉 게임 화면 ⓒCAPCOM

는 요소였다.

이때만 해도 캡콤은 설립 4년 차인 신생 회사였다. 이들은 오랜 경험을 토대로 질주하는 세가나 남코와 경쟁하기 위해 특별한 기능이 필요하다고 판단했다. 그 결과 만들어진 것이 여섯 개의 버튼과 여덟 가지의 공격 방향[14]이었다. 이는 시리즈의 특색이 돼 후속 시리즈로도 이어진다. 개발팀은 미국의 나쁘지 않은 성과를 바탕으로 플랫폼 이식에 도전했지만, 임원진은 이미 〈스트리트 파이터〉를 실패작으로 평가하며 니시야마 팀을 크게 질타했다.

임원진은 곧바로 손실을 메울 게임을 찾아 나섰다. 내부 인력 중 〈로스트월드Lost Worlds〉와 〈매드 기어Mad Gear〉로 소소한 성공을 맛본 니시타니 아키라에게 차기작 배턴은 넘어간다. 20세의 나이로 캡콤에 입사한 니시타니는 해외 출장 중 미국 게임 센터에서 〈더블 드래곤Double Dragon〉을 접하고, 이와 유사한 스타일의 게임을 개발하고자 마음먹었다. 기회를 잡은 니시타니는 '비템 업 게임Beat'em Up Game'인 〈파이널 파이트Final Fight〉을 선보인다. 〈파이널 파이트〉는 개발에 본격적으로 돌입한 지 1년도 채 되지 않아 모든 비템 업 게임의 기본을 정립한 게임으로 평가받았다. 일반적으로 1만 대 이상을 판매하면 소위 말하는 '대박'이었던 시기에, 〈파이널 파이트〉는 무려 3만 대 이상의 판매량을 기록했다. 임원진의 신임을 얻은 니시타니는 〈파이널 파이트〉의 개발이 완료된 직후 곧바로 〈스트리트 파이터2〉 개발에 돌입했다.

니시타니가 한 첫 번째 작업은 원작인 〈스트리트 파이터〉 분석이었다. 원작을 꼼꼼히 분석해 잘된 부분과 그렇지 않은 부분을 확실히 나눴다. 니시타니는 〈스트리트 파이터〉에 강력한 보스가 등장한다면 게임의 재미를 올려줄 것이라 봤다. 게임의 큰 콘셉트는 플레이어가 여덟 명의 파이터 중 한 명을 선택해 결국 일곱 명 모두를 격파하는 내용으로 가닥이 잡혔다. 모든 캐릭터에는 이야기를 부여했다. 나이와 신체 사이즈, 국적과 같은 세밀한 부가 설명을 넣어 유저가 캐릭터에 몰입할 수 있도록 했다. 엔딩 역시 캐릭터마다 다르게 설정해

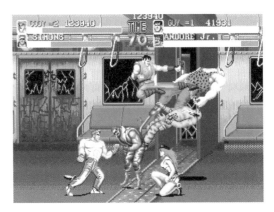

〈파이널 파이트〉 게임 화면 ⓒCAPCOM

결말에서도 확실한 차이를 끌어 냈다. 격투 게임에도 개성 있는 캐릭터와 몰입할 수 있는 스토리 요소가 중요하다는 것이 증명된 셈이다.

독특한 캐릭터의 외형에도 차별화 포인트가 드러났다. 니시타니는 웃긴 캐릭터가 개성 있는 캐릭터라고 믿었다. '브랑카'의 녹색 피부나 '달심'의 늘어나는 신체, '가일'의 비행기 형태의 헤어스타일이 대표적이다. '춘리'의 과감한 치파오 복장과 스패니시 닌자인 '발로그', 가부키 화장을 한 '혼다'도 마찬가지였다. 이런 독특한 요소들은 일반적인 캐릭터에서 볼 수 없는, 차별화 포인트였다. 평범한 디자인은 바로 기각됐다. 니시타니가 웃음을 터트린 콘셉트만 실제 캐릭터로 구현

됐다. 황당하지만, 결국 전 세계 유저의 니즈를 적중시켰다.

다음 문제는 쓰기 어려운 공격 기술이었다. 기존의 공격 시스템은 유저가 공격 버튼을 누른 상태에서 커맨드를 입력하고 떼는 식이었는데, 니시타니는 이를 방향 조작을 먼저 한 후 공격 버튼을 누르는 형태로 변경했다. 또한 여섯 개 공격 버튼의 성능에 따라 차이를 두면서 조작에 대한 혼란을 줄였다. 일반 공격과 '필살기'로 불린 특수 공격을 연결한 방식도 이때 만들어졌다. 흥미롭게도 이 시스템의 시작은 버그였다. 한 개발자가 일반 공격 도중에 기술이 나가는 버그가 생겼다고 보고했는데 이를 본 니시타니가 "재미있을 것 같으니 그냥 두자"라고 했다. 이 기능이 모든 격투 게임의 필수 요소인 '캔슬'이 됐다.

다양한 시도와 우연의 결과물인 〈스트리트 파이터2〉는 1991년 2월 출시됐다. 결과는 대성공이었다. 슈팅과 액션에 집중돼 있던 아케이드 게임 시장의 판도를 격투 게임으로 바꿔 버렸고 기술 입력과 필살기, 캔슬 공격과 같은 요소는 이후의 격투 게임에 큰 영향을 미쳤다. 〈스트리트 파이터2〉는 게임뿐 아니라 각종 미디어와 상품에도 절대적인 영향을 끼쳤다. 영화와 각종 팬시, 트레이딩 카드, 만화, 애니메이션으로까지 그 영향력이 닿았다.

그런 〈스트리트 파이터2〉에도 부작용이 없지는 않았

다. 〈스트리트 파이터2〉의 성공 이후 격투 게임은 곧 매출이라는 공식이 생겨 게임 매장 대부분을 격투 게임이 채우게 됐고, 아류작도 쏟아졌다. 〈스트리트 파이터2〉 자체에 대한 매너리즘 문제도 컸다. 니시타니는 이후에 〈슈퍼 스트리트 파이터2X〉 같은 캐릭터와 밸런스, 시스템을 개선한 버전을 꾸준히 출시했는데 지금으로 치면 '확장팩' 또는 DLC(다운로드 콘텐츠·DownLoad Contents)에 가까웠다. 화제성은 충분했지만, 판매량은 그렇지 못했다. 여기에 경쟁작들이 속속 자리 잡기 시작하자 〈스트리트 파이터2〉의 인기는 조금씩 시들어갔다. 캡콤은 후속작 〈스트리트 파이터3〉 개발에 들어가지만, 개발 진척은 생각보다 더뎠다. 그사이 젊은 프로듀서를 중심으로 한 〈스트리트 파이터 제로〉 시리즈가 대선전을 거두며 캡콤의 불안함은 일단락된 것으로 보였지만 격투 게임 시장 전체가 침체였기에 〈스트리트 파이터2〉 급 이상의 게임 체인저가 절실했다. 이후 나온 블로킹 기술 등은 새로운 시도였지만, 유저의 열광적인 반응을 부르지는 못했다.

　　그러나 〈스트리트 파이터2〉가 남긴 전설은 사라지지 않았다. 2008년 출시된 〈스트리트 파이터4〉가 또 한 번 저력을 보여 줬고 콘솔을 중심으로 한 〈스트리트 파이터5〉가 e스포츠 시장에서 활약을 이어 나가며 지금까지도 많은 유저의 사랑을 받고 있다. 현재 캡콤은 2023년 〈스트리트 파이터6〉

출시를 준비하고 있다.

악마를 죽이다, 〈디아블로〉

1990년대만 해도 RPG는 여러 상호작용과 전략적인 전투, 복잡하고 방대한 세계관과 같은 고정관념에 사로잡혀 있었다. 초창기 장르를 이끌었던 〈위저드리〉나 〈던전앤드래곤〉 작품의 영향 때문이었다. 액션 RPG로 불리는 장르도 있었지만, 기본적인 스타일에서 큰 차별성을 드러내진 않았다. 그러던 중 1996년 '블리자드 엔터테인먼트'에서 하나의 게임을 선보인다. '핵 앤 슬래시Hack and Slash' RPG 〈디아블로DIABLO〉였다. 〈디아블로〉의 등장으로 RPG 게임의 판도는 완전히 달라진다. 개발 초기의 〈디아블로〉는 이전의 평범한 RPG 게임과 다를 바없었다. 그때 〈디아블로〉가 한 선택은 고정관념을 뒤엎는 것이었다. 그렇게 전 세계를 호령한 진짜 악마가 태어났다.

1995년, 게임사 '콘도르Condor'는 턴 방식의 로그라이크 게임[15]을 개발하고 있었다. 콘도르는 자금난 해소를 위해 투자와 퍼블리싱을 맡아줄 회사를 찾고 있었다. 그중 〈저스티스 리그 태스크포스Justice League Task Force〉라는 격투 게임을 이식하는 과정에서 알게 된 블리자드 엔터테인먼트와 미팅하게 된다. 블리자드는 콘도르의 게임이 성공적으로 개발될 수 있도록 지원을 아끼지 않을 것이라 약속했다. 이때 〈워크래프트

〈디아블로〉 게임 화면 ⓒBLIZZARD ENTERTAINMENT

2Warcraft Ⅱ)를 개발했던 개발자 중 한 명이 콘도르가 개발 중인 게임에 대해 의견을 전했다. 실시간 전략 게임처럼 턴으로 움직이는 방식에서 벗어나 빠르게 이동하며 싸우는 RPG를 만들어보면 어떻겠냐는 것이었다. 콘도르의 대표였던 데이비드 브레빅David Brevik이 펄쩍 뛰었다. 정통 RPG에서 벗어난 노선이 시장에서 통할 리가 없을 것으로 봤다. 그때 당시만 해도 RPG는 전략적인 선택과 높은 자유도가 특징이었다. 턴이 중요한 로그라이크 게임은 더 그랬다. 하지만 블리자드 개발자는 물러서지 않고 〈워크래프트2〉의 성공과 내부에서 개발하고 있던 〈스타크래프트Starcraft〉를 예시로 들며 빠른 전개에서도 충분히 RPG의 재미를 낼 수 있다고 강변했다.

말이 통하지 않자 데이비드는 "눈으로 직접 보여 줄게!"라며 개발자들을 불러 모아 3시간 만에 코드를 고쳐 가져왔다. 하지만 결과는 데이비드의 생각과 전혀 달랐다. 플레이어는 빠르게 접근하는 적들의 공격을 받아 내야 했고, 함정과 장애물로 가득한 공간은 더 큰 압박으로 다가왔다. 블리자드 개발자들까지 몰려와 게임을 해보고는 호평을 쏟아 냈다. 데이비드는 내부 개발자를 모아 이 버전의 게임이 콘도르의 미래가 될 것이라 이야기했고, 어떻게든 자금난을 극복해 게임을 출시하겠다는 입장을 전했다. 블리자드의 생각도 같았다. 블리자드의 임원진들은 콘도르가 개발 중인 게임 〈디아블로〉를 직접 퍼블리싱 하는 것을 넘어 회사를 인수하는 방향으로 가닥을 잡았다. 그리고 게임 출시 9개월이 남은 시점, 블리자드는 콘도르를 품게 된다. 회사 전체가 〈디아블로〉 개발에 매달렸고, 마침내 1996년의 마지막 날, 〈디아블로〉가 출시됐다.

개발진들은 기대 반, 걱정 반으로 게임에 대한 반응을 기다렸다. 〈디아블로〉는 출시한지 1년도 채 되지 않아 250만 장의 판매량을 올렸다. 물론 부정적인 반응도 있었다. 정통 RPG 유저들은 RPG의 여러 장점을 버리고 오직 마우스로 적을 공격하는 내용만 있다며 〈디아블로〉를 비판했다. 블리자드는 "우리는 RPG를 만든 게 아니라 〈디아블로〉를 개발한 것"이라고 답했다. 블리자드가 주목한 건 기존의 관념에 가둘 수 없는 새로운 형태의 재미였다.

실시간 전환 방식 이외에도 〈디아블로〉의 성공의 중심에는 네 가지 키워드가 있었다. 콘도르게임즈의 개성 넘치는 일러스트, 공포감을 살린 그래픽, 적절한 사운드 효과는 하나의 작품처럼 상호작용했다. 특히 기존 RPG가 주지 못했던 공포감이 〈디아블로〉에는 존재했다. 또 다른 성공 키워드는 단순한 구성이었다. 대부분의 RPG가 거대한 세계관을 이해하고 복잡한 이야기와 인물의 관계를 풀며 목표를 이뤄야 했던 반면 〈디아블로〉의 구성은 단순했다. 유저는 영웅을 선택하고 던전에 입장해 적들을 물리쳐 최종 보스를 사냥하기만 하면 됐다. 임무는 한 가지 선택지일 뿐, 대부분의 플레이는 사냥과 아이템 파밍을 중심으로 흘러갔다. 맵이 매번 다르게 주어지거나 아이템과 적의 위치가 무작위로 주어지는 것도 게임이 장기간 흥행할 수 있었던 요인이었다. 무작위적인 요소는 위치뿐 아니라 무기, 장비에 주어지는 능력치에도 적용됐다. 덕분에 다양한 플레이가 가능해졌고, 유저들은 자연스럽게 〈디아블로〉를 반복적으로 플레이하게 됐다. 마지막 키워드는 '배틀넷'을 이용한 멀티플레이 방식이었다. 기존 온라인 플레이는 유저와 유저가 IP 주소를 입력해 접속하는 식이었다. 배틀넷은 이런 불편을 블리자드 서버가 도와주는 식으로 해결했다. 무료 기능이었던 배틀넷 덕분에 유저들은 대전 신청, 거래, 친구 찾기를 더욱 수월하게 할 수 있었다.

〈디아블로〉의 새로운 시도는 이후의 RPG에 지대한 영향을 끼친다. 로그라이크 장르를 조금 더 쉽게 즐길 수 있게 한 '로그라이트Rogue-lite' 장르의 등장도 〈디아블로〉의 여파 중 하나다. 〈디아블로〉 시리즈는 2000년 출시한 〈디아블로2〉로 또 한 번 도약한다. 400만 장의 판매고를 올리는 데 성공하면서 액션 RPG를 대표하는 게임으로 자리매김해 명성을 이어나갔다. 〈디아블로3〉은 여러 번의 연기 끝에 2012년 출시됐고 현재까지 여러 플랫폼으로 이식돼 수명을 이어나가고 있다. 시리즈 최초의 MMORPG 형태가 될 〈디아블로4〉는 2023년 6월 6일 출시를 예정하고 있다.

〈뿌요뿌요〉가 국민 게임이 된 이유

일본에서 〈테트리스〉의 인기는 어느 정도였을까. 게임사 세가는 아케이드용으로 만든 〈테트리스〉를 1988년 일본에 들여온다. 슈팅 게임과 달리 〈테트리스〉는 아케이드 센터에서 남녀가 함께 즐길 수 있는 범용적인 게임이었기 때문에 인기를 끌었다. 닌텐도가 1989년 선보인 게임보이용 〈테트리스〉는 출시 2년도 안 돼 424만 장의 판매량을 기록하기도 했다. 덕분에 많은 개발사가 〈테트리스〉 스타일의 일명 '낙하물 퍼즐' 게임을 만들기 시작했는데 대부분은 좋지 못한 평가와 함

께 사라졌다. 〈테트리스〉가 가진 고유의 재미를 능가할 정도의 매력적인 형태가 없었기 때문이다. 그때 일본에서 〈테트리스〉의 인기를 집어삼킨 게임이 등장한다. '컴파일'에서 만든 귀여운 모습의 퍼즐 게임, 〈뿌요뿌요(ぷよぷよ)〉가 그것이다.

컴파일은 당시 〈마도물어〉라는 RPG 시리즈로 알려진 개발사였다. 그곳에서 디렉터로 일하던 쓰카모토 마사노부와 디자이너 모리타 켄고는 잡지에 나온 유저가 제안한 게임에 힌트를 얻어 여러 색상의 도미노가 내려와 순차적으로 쌓이는 〈도미노스〉 게임을 개발 중이었다. 하지만 직원들의 반응은 좋지 않았다. 그때 〈마도물어〉의 개발진이 〈도미노스〉의 내용과 디자인을 바꿔 보너스 게임을 만들어 보는 것을 제안한다.

디자인의 주요 부분은 〈마도물어〉의 캐릭터를 활용했고, '뿌요' 캐릭터는 게임의 핵심이 되는 패로 고안됐다. 뿌요 캐릭터는 게임에 등장하는 슬라임 계열의 몬스터로, 귀여운 모습 덕분에 팬들 사이에서 인기를 끌었다. 퍼즐 게임의 재미 요소도 개선됐다. 한 줄을 완성하는 〈테트리스〉와 반대되는 상황을 만들어보면 좋겠다는 프로그래머 키요베의 말에 영감을 받아 탄생한 시스템이었다. 〈테트리스〉가 가로 한 줄을 채우는 식이었다면 〈뿌요뿌요〉는 네 개의 뿌요가 좌우상하 어디든 연결되면 사라지도록 했다. 규칙은 간단했지만 〈테트리스)와는 완전히 다른 형태가 탄생했다. 내부에서는 이해하기 조금 어렵지만, 재미만큼은 확실하다고 판단했다. 이에 더해 상대방과 대전하듯 전개되는 스타일과 방해 요소가 추가됐다.

그렇게 완성된 퍼즐게임 〈뿌요뿌요〉는 1991년 10월 'MSX2'와 '패미컴 디스크 시스템' 두 가지로 출시됐다. 개발자들의 예상과 달리 게임에 대한 유저의 평가는 좋지 않았다. 게임을 플레이한 유저의 대부분은 쌓이는 뿌요를 제거하지 못하고 게임 오버됐다. 상대방을 공격하는 재미도, 퍼즐을 쌓아 제거하는 쾌감도 없었다. 연습 모드도 큰 도움이 되지는 않았다. 부정적인 평가 속에서 〈뿌요뿌요〉를 눈여겨본 하나의 개발사가 있었다. 바로 아케이드 센터의 제왕이었던 세가였다. 세가는 컴파일 측에 이 게임을 활용해 아케이드 게임을 만들겠다며 라이선스를 요청했고 컴파일은 그에 응했다. 그리고 1992년 10월, 세가가 직접 만든 〈뿌요뿌요〉 아케이드 버전이 출시됐다. 세가는 뿌요의 색상 개수를 여섯 개에서 다섯 개로 줄이고, 연결돼 터지는 연쇄 기능을 추가했다. 결과는 상상 이상이었다. 1992년은 〈스트리트 파이터2〉의 인기로 아케이드 시장 내 대전 열풍이 일던 시기였다. 대전 시스템과 낙하물 퍼즐이 결합한 〈뿌요뿌요〉의 인기도 함께 치솟았다.

컴파일은 세가 버전의 〈뿌요뿌요〉를 철저히 연구했다.

놓쳤던 부분을 채우고, 새로운 기능을 구현하기 위함이었다. 2년의 준비 끝에 전설의 게임 〈뿌요뿌요2〉가 일본에 출시된다. 이 게임은 현재의 모든 〈뿌요뿌요〉 게임의 체계를 완성했다는 평가를 받고 있으며, 〈테트리스〉를 제치고 일본 국민 퍼즐 게임 반열에 올랐다. 기존 세가의 아케이드 버전이 공격 일변도로 상대방을 압도하는 재미가 있었다면 〈뿌요뿌요2〉는 위기 상황에서도 역전을 노릴 기회를 제공해 다채로운 전략을 만들어 낼 수 있게 했다. 거기에 연속 상쇄 시 역동적인 연출까지 더해져 중독적인 재미를 느끼게 했다.

아케이드에는 〈스트리트 파이터2〉 못지않게 많은 기기가 배치됐고 일명 '뿌요 전문가'로 불리는 마니아까지 생겨 센터의 이름을 건 대회가 만들어지기도 했다. 세가는 출시 전부터 컴파일과 상의해 메가 드라이브 이식 판을 준비했고, 덕분에 가장 먼저 가정용 버전을 선보일 수 있었다. 〈뿌요뿌요2〉는 당시 현존하던 거의 모든 기기로 이식됐고, 한국에는 자막, 음성 한글화까지 이루어진 윈도우 95 버전이 출시돼 큰 인기를 누렸다. 컴파일은 〈뿌요뿌요2〉의 성공으로, 순식간에 일본 게임 산업을 대표하는 회사로 자리매김한다. 당시 컴파일의 대표 니이타니 마사미츠는 유저들을 위한 일본 전국 대회 '바요엔 투어'를 발표하고 직접 유저들을 만나기도 했다.

하지만 그 인기는 오래가지 못했다. 후속작 〈뿌요뿌요 썬〉의 등장 때문이었다. 〈뿌요뿌요 썬〉은 캐릭터의 개성을 강조한 이야기와 연출, 그리고 새로운 기능인 '썬'이 추가된 신작이었다. 애니메이션 수준의 그래픽 연출, 방대한 볼륨의 풀 더빙까지, 컴파일의 성공을 증명하는 듯한 호화로운 구성이었다. 그러나 썬 기능은 〈뿌요뿌요2〉의 성공 요인 중 하나였던 대전 시스템의 재미를 떨어뜨렸다. 게다가 썬 기능은 랜덤 기능에 가까웠다. 유저가 혜택을 예측해서 활용하기 어려웠는데도 승패에 영향을 줬기 때문에 게임을 연구했던 마니아 층까지 등을 돌렸다. 그들을 중심으로 하던 대회와 커뮤니티 활동이 약해지면서 순식간에 게임의 인기가 하락했다. 이미 이식작까지 모두 개발해 순차적 출시를 하던 컴파일은 판매

량 부진을 겪게 됐다.

　　물론 컴파일의 부진만 원인은 아니었다. 돈방석에 앉은 니이타니 대표는 뿌요 테마파크를 짓겠다는 황당한 계획을 낸다. 현실적인 대안이나 다른 방법을 제시할 직원도 부재했다. 컴파일은 1996년부터 1년 사이 무려 300명의 신입 사원을 채용했고, 본업인 게임 개발보다 사무용 소프트웨어 개발, 테마파크 준비 등에 더 많은 자금과 인력을 쏟아부었다. 1997년, 그간 개발 중이었던 〈와쿠와쿠 뿌요뿌요 던전〉이 연말 성수기에 제대로 나오지 못했고 다른 게임들도 개발이 중단되는 사태가 벌어진다. 결국, 컴파일은 파산을 막기 위해 1998년 화의 신청에 들어서고, 대규모 구조조정과 함께 자금 확보를 위해 지식 재산권을 매각했다. 컴파일은 〈뿌요뿌요〉만큼은 절대 넘기지 않으려 했으나, 후속작인 드림캐스트용 〈뿌요뿌욘〉까지 실패하자 자금이 완전히 동나버린다. 결국 대표를 제외한 인력 대부분이 회사를 떠났고, 2002년 컴파일은 〈뿌요뿌요〉의 저작권을 세가에 넘기고 역사의 뒤안길로 사라졌다.

이후 〈뿌요뿌요〉는 세가를 통해 명맥을 이어나간다. 2003년 아케이드용으로 등장한 〈뿌요뿌요 피버〉를 시작으로 여러 시리즈가 다양한 플랫폼으로 출시됐다. 15주년과 20주년 기념작에서는 기존 〈뿌요뿌요〉 룰을 모두 탑재해 유저가 선택해 즐길 수 있게 했고, 다양한 이야기 구성과 캐릭터, 그리고 대전의 재미를 살린 연출을 더해 조금씩 인기를 되찾아 갔다. 〈뿌요뿌요〉의 등장은 일본 퍼즐 게임 역사에서 빼놓을 수 없는 사건 중 하나다. 〈뿌요뿌요〉 이후, 퍼즐 게임에는 규칙 못지않게 캐릭터를 중심에 둔 작품들이 큰 인기를 끌게 된다. 생각의 전환이 퍼즐 게임의 주인공을 캐릭터로 바꾼 것이다.

최후의 한 명을 위한 〈배틀그라운드〉

1999년 출간된 한 편의 소설이 일본을 발칵 뒤집어 놓는다. 정부 프로그램 때문에 강제로 외딴 섬에 갇힌 중학교 학생 42명이 최종 한 명의 생존자를 남길 때까지 실육을 강요당하는 내용이었다. 친구 사이에 일어나는 무차별적인 살인과 정부의 연계라는 충격적인 전개는 순식간에 100만 부의 판매량으로 이어진다. 공포 소설의 장인인 스티븐 킹은 이 작품을 "끔찍하게 재미있는 소설"이라고 평가한다. 타카미 코순의《배틀로얄Battle Royale》이 바로 그 작품이다. 작품이 베스트셀러에 오르자 곧바로 2000년 후카사쿠 킨지 감독이 영화화를 맡았고, 같은 해 타구치 마사유키가 작화한 만화판 연재가 시작됐다. 소설과 영화, 만화가 모두 큰 인기를 끌었고,《배틀로얄》의 등장 이후 전 세계는 '배틀로얄' 장르에 요동친다.

《배틀로얄》의 등장 이후 '데스 게임Death Game' 장르가 본격적인 시류를 타고 나오기 시작했다. 2002년 방영된 애니메이션 〈가면라이더 류우키〉를 비롯해 2004년 첫 선을 보인 〈쏘우Saw〉 시리즈, 2008년 출간된《헝거 게임The Hunger Games》과 인터넷 소설《소드 아트 온라인》등이 대표적이다. 하지만 정말 배틀로얄 장르를 전면에 두고 그를 전 세계에 알린 작품은 따로 있다. 바로 크래프톤에서 개발, 출시한 게임 〈배틀그라운드〉다. 외딴 섬에 착륙한 100명이 각자 무기와 탈 것을 마련하고 최후의 한 명이 남을 때까지 싸우는 내용의 이 게임은 전 세계 7000만 장 이상이 팔리며 역대 '세계에서 가장 많이 팔린 게임' 5위 안에 이름을 올렸다.

이 게임의 성공 비결은 타카미 코순의《배틀로얄》과 흡

〈배틀그라운드〉게임 화면. 크래프톤은 이 게임의 성공으로 전 세계에서 가장 유명한 개발사가 됐다. ⓒKRAFTON, Inc.

사하다. 생존을 위해 무기와 방어구를 찾고 은신해 적들을 기습하거나 반대로 공격대를 구성해 다른 생존자들을 제압하는 식이다. 플레이어들은 어디에 언제든 착륙하고, 무엇이든 파밍할 수 있다. 이를 통해 각종 현대식 무기를 조합하고 다른 플레이어를 제압할 수 있다. 압박하듯 줄어드는 필드 제한 요소는 자연스럽게 유저들을 경쟁에 내모는데, 이 역시도 시간에 따라 위치 이동을 강요하는 《배틀로얄》의 규칙과 비슷하다. 유저들은 정해진 시간 내 얼마나 죽이거나 생존하는지에 따라 보상을 받을 수 있었고 이를 통해 자신의 아바타를 강화해 나갔다.

〈배틀그라운드〉는 '가장 빠르게 100만 장이 팔린 스팀

얼리 액세스 게임'을 비롯한 일곱 개의 기네스 기록을 가졌다. 그러나 이 게임의 강렬한 재미는 예상치 못한 문제로 연결된다. 〈배틀그라운드〉는 죽어도 살아나는 다른 슈터 게임과 달리 단 한 번의 기회만 주어진다. 편법이라도 써서 승리하고 싶은 마음이 다양한 사건 사고를 불렀다. 가장 심각했던 건 핵 프로그램 사용이었다. 1대 99의 생존 경쟁이 일으키는 압박감과 아슬아슬하게 1위를 하지 못하는 상황이 반복되자 유저들은 핵을 사용하기에 이르렀다. 에임 핵aim hack을 비롯해 벽을 뚫고 총을 쏘는 식은 큰일도 아니었다. 넓은 섬을 걸어서 몇 분 만에 주파하거나 땅 아래로 들어가 위에 있는 적들을 쉽게 죽였다. 날아다니는 유저도 나왔고 모든 유저를 근접 공격으로만 죽이는 황당한 핵 프로그램도 나와 논란이 됐다. 문제는 핵을 프로게이머나 유명 스트리머까지 사용한 것이 드러났다는 점이다. 중국 일부 프로게이머는 공식 대회에서 핵을 사용해 제재를 받았으며, 대회에 참여한 BJ가 핵을 사용해 대회 시상이 취소되는 웃지 못할 해프닝도 발생했다. 최후의 생존자가 되기 위해 벌이는 사투 속 긴장감과 치열한 공방, 그리고 마지막에 살아남아 '치킨'(최종 생존 시 나오는 문구인 "WINNER WINNER CHICKEN DINNER!")을 받았을 때 몰려오는 안도감과 쾌감은 경쟁 게임은 물론 다른 어떤 게임과 비교할 수 없는 몰입감을 유저에게 안겼다.

게임 산업의 성장에서 플랫폼이 가진 의미는 '혁신'이었다. 플랫폼이 등장함으로써 더 많은 장르가 만들어질 수 있었고, 각종 주변 기기도 발전하며 게임 산업 전체가 움직였다. 장르의 변화, 기기의 발전은 게임 산업 전체를 풍성하게 만들었다. 다양한 플랫폼은 게임이 마니아를 넘어 대중의 곁으로 갈 수 있게끔 만들었다. 플랫폼이 있는 곳에 유저가 모였고, 아케이드 센터는 거실로 이동했다. 가정에서 즐길 수 있는 게임의 등장은 새로운 시대로의 전환과도 같았다. 초기의 가정용 게임기가 아케이드 게임을 이식받는 수준이었다면, 시간이 지나며 아케이드 게임을 능가하는 작품도 나타났다. 가정용 게임기의 인기가 날로 높아지며 산업의 중심은 아케이드에서 가정용 게임기로 넘어갔다. 이제 거실에는 PC와 함께 게임기가 놓였다. 이 시기부터 게임만으로도 먹고 사는 거대 기업들이 등장한다.

가정용 게임기는 게임 기업의 경쟁 구도를 본격화했다. 닌텐도와 세가, 소니와 마이크로소프트는 라이벌이 되면서 게임과 플랫폼, 모두에서 치열한 공방을 벌였다. 9세대까지 이어진 경쟁에서 많은 기업은 사업을 포기하기도 했지만, 닌텐도와 소니, 마이크로소프트는 지금까지 남아 유저들을 즐거운 경쟁 속으로 이끌고 있다. 플랫폼은 단순히 게임을 플레이하는 도구의 수준을 넘어선다. 하나의 플랫폼은 게임을 둘

러쌍 동질감과 유대감을 만들기도 하고, 덕분에 거대한 커뮤니티로 이어지기도 한다. 동질감으로 뭉친 커뮤니티는 기업을 움직이는 거대한 힘이 된다. 게임기가 아닌, VR과 스마트폰도 그렇다. 유저는 곧 플랫폼이고, 플랫폼은 곧 유저다. 이 원동력이 게임 산업 전체의 발전과 변화를 추동했다.

콘솔 경쟁에서 엇갈린 세가·소니·닌텐도의 운명

1992년 세가는 '메가 드라이브'의 미국 진출 성공을 발판 삼아 차세대 게임기 개발에 집중하고 있었다. 비트BIT[16] 싸움이 경쟁의 키워드가 될 것으로 봤던 세가는 32비트 게임기를 빠르게 출시해 게임기 시장 내의 입지를 키우고자 했다. 그 중심은 세가의 여섯 번째 게임기인 '새턴'이었다. 새턴 개발의 핵심은 16비트 시대와의 작별이었다. 새턴 개발 프로젝트는 기존 게임기와의 호환성을 높이는 방향 대신 성능을 차별화하는 것에 집중했다. 롬 팩 대신 CD-ROM을 장착했고 히타치와 협력해 슈퍼H RISC CPU를 장착했다. NEC의 SDRAM과 도시바 플래시 메모리, 그리고 비디오 칩세트 VDP1도 추가됐다. 이렇게 완성된 프로토타입은 세가 미국 지사로 보내졌는데 이를 본 미국의 사업가 토머스 칼린스키Thomas Kalinske의 반응은 좋지 않았다. 그는 2D 중심의 게임기 성능과 까다로운 개발 구조에 질색하며 플레이스테이션 개발에 참여한 3D 그래픽 전문 회사 '실리콘 그래픽스'와의 기술 제휴를 제안한다. 하지만 세가 본사는 지금도 충분하다는 견해와 함께 그 제안을 단칼에 거절해 버렸다. 토머스는 재차 소니와의 협업도 제안했지만 같은 이유로 무산됐다. 이 결정은 세가의 운명을 뒤바꾼다.

세가가 전전긍긍하고 있을 때, 소니는 차근차근 플레이스테이션PlayStation 프로젝트를 진행하고 있었다. 물론 진행은 쉽지 않았다. 가전제품 산업에서 최고에 가까운 명성을 누리던 소니였기에 게임기 개발에는 매우 소극적이었다. 이런 분위기 때문에 게임 프로젝트를 진두지휘하던 쿠타라기 켄은 임원들을 설득하는 데 많은 공을 들였다. 가끔은 자존심을 건드는 형태로, 어떨 때는 철저한 비즈니스처럼 포장했다. 가정용 게임기에서 3D 그래픽은 구현하지 못할 것이라는 여론에 맞서 쿠타라기는 소니가 3D 그래픽을 통해 얻을 수 있는 성과를 끊임없이 강조했다. 임원들은 "절대 패배해서는 안 된다"는 조건을 내걸고 플레이스테이션 프로젝트를 승인한다.

소니가 가장 먼저 꺼낸 카드는 CPU 개발을 위한 'LSI로직스'와의 계약이었다. 1993년 당시의 계약서에는 140억 엔이라는 금액이 적혔고, 생산 예정인 칩 수량은 무려 100만 대였다. 실패 시에는 회사가 휘청거릴 정도의 큰 계약이었기 때문에 플레이스테이션은 회사에서 가장 위험하고 중요한 프로젝트가 됐다. 쿠타라기가 다음으로 선택한 카드는 서드 파티 모집이었다. 게임기가 나오기 전 충분한 게임을 확보해야 했기 때문이다. 일본의 유명한 개발사는 거의 모두 직접 만날 정도로 열성적이었다. 하지만 반응은 좋지 않았다. 어떤 기업은 소니가 게임기 사업에 뛰어드는 것 자체가 무리라고 충고하기도 했고 한 업체는 "300만 대를 팔면 그때 다시 오라"는 막말을 던지기도 했다. 냉소적인 반응이었지만 개발사가 그런 반응을 보일 이유는 많았다. 3D 그래픽은 그때만 해도 구현하기 어려운 고급 기술이었고, 개발 인력도 하늘의 별 따기처럼 구하기 어려웠다. 판매된 적도 없는 게임기를 위해 3D 게임을 개발한다는 건 개발사 입장에서도 난이도가 매우 높은 모험과 같았다. 하필 그 어려운 걸 게임기 개발에 처음 도전하는 소니가 한다고 하니 믿음이 안 갈 수밖에 없지 않았을까.

그래도 몇 군데는 쿠타라기의 제안에 긍정적 반응을 보였다. 대표적인 곳이 남코였다. 세가와 아케이드 게임 시장에서 경쟁하고 있던 남코는 플레이스테이션의 성능과 가성비에 만족감을 드러내며 제안을 수락한다. 소니가 향후 남코에게 적극적인 지원을 펼친 이유도 여기에 있다. 남코는 3D 그래픽이 게임의 미래라고 생각해 개발 인력을 확충하고 있었다.

그러던 중, 1993년 8월 '오락 기기 박람회'에서 충격적인 격투 게임 〈버추어 파이터〉가 처음 공개됐다. 3D 그래픽으로 구현된 캐릭터들이 벌이는 사실적인 격투는 관계자들을 경악시키기에 충분했다. 그전까지 소니를 무시하던 개발사들이 생각을 바꿔 적극적으로 소니의 플레이스테이션 프로젝트에 참여하겠다는 뜻을 전한 것도 이 이후였다. 쿠타라기는 곧바로 플레이스테이션 시연회를 준비한다. 1993년 10월 소니 본사 대강당에서 지원된 시연회는 프로토타입 게임기 네 대로 진행됐는데 현장에는 소니 직원들 외에도 여러 개발자가 참석했다. 시연이 시작되고 화면에는 3D 그래픽으로 구현된 커다란 '티라노사우루스'가 모습을 드러냈다. 자연스럽게 움직이는 공룡의 모습에 현장은 찬물을 끼얹진 듯 조용했다. 영상을 본 개발자들은 너무 놀라 소리조차 낼 수 없을 정도였다.

소니의 시연회를 본 세가 역시 급히 3D 게임기 개발에 착수한다. 결과적으로 3D 게임기 경쟁의 포문은 세가가 연다. 1994년 11월 22일 일본에 출시된 '세가 새턴'은 론칭 게임 〈버추어 파이터〉와 함께 빠르게 매진됐다. 한 달도 안 돼 50만 대가 팔렸고, 200만 대까지도 순탄하게 이어졌다. 후속 게임까지 연달아 출시되자 승기는 세가 쪽으로 굳어지는 분위기였다. 시장에서 앞서 나가자 SNK 같은 서드 파티들이 새턴으로 게임을 출시하겠다고 예고했다. 특히 자사의 게임기 외에는 절대로 이식하지 않던 SNK가 〈아랑전설3〉과 〈더 킹 오브 파이터즈 95〉를 새턴으로 이식하겠다는 발표는 그해 최고의 소식에 오를 정도였다.

세가가 승리에 취해 있을 때 소니는 더욱 치밀하게 플레이스테이션 출시를 준비하고 있었다. 1994년까지 계약을 맺은 서드 파티는 200여 개였는데 소니는 이들이 원활하게 게임을 개발할 수 있도록 라이브러리와 기술을 지원했다. 개발 킷으로 불리는 장비도 150만 엔이라는 파격적인 가격으로 제공했는데 이는 빡빡한 개발 환경과 비싼 개발 킷과 같은 악조건을 가진 세가 새턴과 비교되는 부분이었다. 그렇게 1994년 12월 3일, 소니의 플레이스테이션이 일본에 출시됐다. 초기 물량은 10만 대였다. 그날 쿠타라기는 일찍 서브컬처의 성지, '아키하바라'로 이동해 판매 상황을 직접 확인했다. 미디어의 소극적인 반응과 다소 약했던 론칭 라인업이 불안 요소였지만 현장 반응은 예상외로 뜨거웠다. 이미 게임 잡지나 PC 통신을 비롯한 커뮤니티에 퍼진 입소문 덕에 많은 유저가 새벽부터 매장 앞에서 줄을 서서 플레이스테이션을 구매했다. 준비된 물량이 모두 소진되는 데까지는 반나절도 걸리지 않았다. 그제야 소니 임원진도, 쿠타라기도 모두 안심하고 퇴근할 수 있었다.

1996년, 또 하나의 경쟁자가 모습을 드러낸다. 바로 '닌텐도64'였다. 〈슈퍼마리오 64〉를 내세운 닌텐도는 플레이스테이션과 함께 3D 게임 시장을 호령했다. 소니는 같은 해 3D

플레이스테이션 외형 사진. 당시 게임기들은 흰색이나 회색을 많이
선택했다. 검은색 게임기는 망한다는 속설 때문이었다. ⓒSony

그래픽으로 개발된 캡콤의 공포 게임 〈바이오하자드Biohazard〉
와 남코의 〈철권2〉를 선보였는데 두 게임 모두 대박을 터뜨리
며 주목받는다. 콘솔 경쟁이 본격화하자 이때부터 소니와 세
가는 가격 인하와 게임 끼워 주기와 같은 여러 방법을 동원한
치킨 게임에 들어간다. 소니와 세가 모두 미국 진출에 성공한
상황이었기에 안팎으로 치열한 경쟁을 펼쳤다. 일본에서는 여
전히 세가가 강세였지만 미국에서는 플레이스테이션이 조금
씩 앞서갔다. 세가는 조바심을 내기 시작했고, 소니는 고삐를
당겨 달려나가기 시작했다. 경쟁이 반환점을 돈 시점이었다.

　이때 소니와 닌텐도, '스퀘어(現 스퀘어에닉스)' 사이에
서 논란이 될 사건이 벌어진다. 기대작 〈파이널 판타지7〉의

이적 사건이었다. 스퀘어는 이 게임을 닌텐도64로 개발, 출시하기로 닌텐도와 협의를 마친 상황이었으나 롬 팩의 시스템 문제로 인해 난항을 겪고 있었다. 이때 소니가 닌텐도 투자 변제와 라이선스 비용 상향 조정, 스퀘어 유통망 독점 사용 같은 카드를 들고 와 게임을 가로챘다. 스퀘어는 닌텐도에 원한을 사게 됐고 소니 역시 닌텐도 팬들에게 공격을 받았다. 게다가 스퀘어의 이적은 많은 서드 파티의 닌텐도 이탈을 부추겼고 닌텐도64로 개발 중이던 게임이 중단되는 일까지 벌어졌다. 가뜩이나 라인업이 부족했던 닌텐도64는 차세대 게임기 경쟁에서 중도 탈락했다. 이제 싸움은 세가와 소니 전면전으로 넘어갔다.

한편 세가 내부의 문제는 점차 심화했다. 가장 큰 문제는 높은 가격이었다. 치킨 게임으로 흘러가던 경쟁에서 제품 원가가 낮았던 플레이스테이션에 비해 세가 새턴의 비용은 매우 비쌌는데 판매를 할 때마다 적자를 기록했다. 이는 소극적인 마케팅으로 연결됐다. 게임 판매에서 나오는 라이선스 비용으로 게임기 홍보가 감당되지 않는 수준까지 흘러간 것이다. 세가는 비용 투자 대신 아이디어로 경쟁하려 했다. 그때 나온 것이 마스코트인 '세가타 산시로'다. 1997년 말 광고에서 처음 등장한 세가타 산시로는 〈가면라이더〉의 혼고 타케시로 유명한 배우 후지오카 히로시를 기용, "세가 새턴 해라!"

라는 문구로 화제를 모은다. 엽기적이고 파격적인 광고는 유저 사이에서 큰 화제가 됐고 세가 새턴의 판매량도 덩달아 오른다. 여기에 〈사쿠라대전〉과 미소녀 연애 시뮬레이션 장르를 대거 선보이며 마니아층을 유입시킨다.

하지만 1997년, 스퀘어가 플레이스테이션을 통해 출시한 〈파이널 판타지7〉의 존재감은 세가와 소니의 경쟁을 맥없이 끝내 버릴 정도로 압도적이었다. 그래픽부터 이야기와 음악, 게임성까지 모든 부분에서 역대 최고급 완성도를 보인 이 게임의 등장은 세가 새턴을 궁지로 몰아세우며 차세대 게임기 경쟁에서 소니의 완승을 이끌었다. 여기에 미국 내 세가 새턴의 처절한 판매량까지 더해지자 세가는 더 버티지 못하고 패배를 인정한다. 최종적으로 세가 새턴은 전 세계 926만 대를 팔았다. 일본 내에서 574만 대라는 나쁘지 않은 성적표가 있었지만 전 세계 시장에서는 완패했다. 메가 드라이브가 일본에서 패배했지만 해외 시장에서 2700만 대 이상 팔린 것을 고려하면 뼈아픈 결과다. 소니의 플레이스테이션은 1997년 500만 대를 가볍게 넘겼고 2004년까지 1억 대 넘게 판매됐다. 게임 업계의 판도는 완전히 바뀌었다.

플레이스테이션의 아성은 대단했다. 전 세계 시장을 석권하며 사실상 일인자로 군림했고 막강한 서드 파티를 바탕으로 유저들의 절대적인 지지를 받고 있었다. 그러나 경쟁자

〈파이널 판타지 7〉 게임 화면 ⓒSquare Enix

들이 멈춘 것은 아니었다. 소니는 자신들이 거둔 첫 번째 승리가 운이 아니라는 걸 증명해야 했다. 소니는 플레이스테이션2를 무조건 성공시켜야 했다. 그 사이 세가는 '드림캐스트'를 선보인다. 압도적인 성능과 인터넷 연결을 활용한 온라인 기능, 그리고 〈버추어 파이터3〉와 같은 대작 라인업은 유저들의 선택을 끌어 낸다. 소니는 긴장했다. 세가는 여전히 저력 있는 개발사였고 가정용 게임기의 오랜 강자였다. 세가 새턴의 실패를 뒤집겠다는 임원진의 노력으로 탄생한 드림캐스트가 쉽게 무너질 것 같진 않았다.

다급해진 소니는 차세대 게임기 개발 정보를 미디어를 통해 흘린다. 인터넷 커뮤니티가 조금씩 발전하던 시기에 이

수단은 제대로 먹혀 들었다. 특히 DVD 매체를 지원하고 이를 통해 DVD 영상물을 재생할 수 있다는 지점은 좋은 홍보 포인트였다. 시간을 번 소니는 본격적인 게임기 양산 준비에 들어간다. 초반에는 도시바TOSHIBA의 차세대 칩세트의 납품이 쉽지 않아 애를 먹었지만, 플레이스테이션2가 성공할 것이라는 확신에 시설 확대까지 감행했다. 이미 출시 전부터 화제를 모으고 있었기에 초기 물량은 200만 대로 책정했고 해외 진출을 위한 추가 생산도 빠르게 들어갔다.

2000년 3월 4일 새벽부터 일본 아키하바라에는 플레이스테이션2 구매를 위한 줄이 길게 늘어섰다. 론칭 게임의 수는 다소 부족했지만, 유저들은 아랑곳하지 않았다. 매장에 잡힌 물량 100만 대가 소진되는 데 한 달도 채 안 걸렸다. 하지만 게임 가뭄은 생각보다 길게 이어졌다. 이 시기를 버틸 수 있었던 건 론칭 게임의 뛰어난 수준 때문이었다. 격투 게임 〈철권 태그 토너먼트Tekken Tag Tournament〉와 〈데드 오어 얼라이브2Dead or Alive2〉, RPG 게임인 〈드래곤 퀘스트7〉, 〈파이널 판타지9〉, 〈테일즈 오브 이터니아〉, 전략 게임 〈슈퍼로봇 대전 알파〉와 같은 인기 시리즈의 최신작이 오랜 기간 사랑받으며 게임 보릿고개 같았던 초반 일 년을 무사히 넘기게 된다.

그렇게 맞이한 2001년, 캡콤에서 출시한 〈귀무자〉가 역대 최고급 판매량을 기록하자 플레이스테이션2 판매량도

플레이스테이션2 외형 ©Sony

덩달아 상승한다. 〈귀무자〉는 실제 배우가 등장해 큰 화제를
모았다. 전작보다 높아진 난도의 개발 환경 때문에 개발이 지
연됐던 게임들도 쏟아지기 시작했는데, 〈그란 투리스모3Gran
Turismo 3〉를 비롯한 명작이 모두 이 시기에 나왔다. 플레이스테
이션2의 판매량은 수직 상승했고 2002년 7월 일본에서만
1000만 대가, 같은 해 9월에는 전 세계 4000만 대가 판매된
다. 지금까지 어떤 게임기도 하지 못한 업적을 이제 막 두 번
게임기를 내놓은 소니가 이룬 것이다. 압도적인 성과 앞에 세
가는 게임기 사업 철수를 선언, 완패를 인정했다.

　　세가의 철수 이후, 곧바로 두 개의 게임기가 모습을 드
러낸다. 바로 마이크로소프트의 엑스박스와 닌텐도의 게임큐

브다. 소니는 미국 시장에서 엑스박스와 경쟁을 펼쳐야 했고, 일본에서는 게임큐브와 맞서야 했다. 마이크로소프트는 압도적인 자금력을 바탕으로 미국 서드 파티와 함께 블록버스터급의 대형 게임을 쏟아냈고, 게임큐브는 앙숙이었던 스퀘어와 화해하며 일본 유저 맞춤형 게임을 대거 내놨다. 하지만 이 모든 공격이 무위로 돌아갔다. 플레이스테이션2의 아성은 후발 주자들이 넘어설 수 있는 수준이 아니었다. 결국, 모든 경쟁자를 3년도 안 돼 물리친 소니는 전 세계 시장을 호령하며 게임기 산업 왕좌에 오른다. 플레이스테이션2는 2012년 기준으로 약 1억 5768만 대의 판매를 기록했다. 휴대용 게임기까지 포함하면 거의 비슷한 수준까지 따라온 닌텐도DS가 있지만 이를 현재까지 이긴 게임기는 없다. 동작 인식을 내세운 닌텐도의 게임기 '위Wii'도 1억 대 넘게 판매됐지만, 플레이스테이션2를 이기진 못했다.

엄청난 업적을 세운 플레이스테이션2는 우리나라에서 더욱 특별하다. 소니가 직접 지사를 내고 유통한 첫 번째 게임기였기 때문이다. 게다가 우리나라 시장에 맞춰 현지화가 이루어진 다양한 라인업이 함께 출시돼 큰 화제를 모았다. 소니가 시작한 게임기 직접 유통은 다른 게임기들로도 이어졌다. 이는 우리나라의 게임기 열풍을 주도했고, 게임을 잘 모르는 일반인도 관심을 가질 정도의 많은 뉴스를 쏟아 냈다. 플레이스테이션2는 2004년, 출시 2년 만에 100만 대 판매를 넘어선다. 하지만 흥행은 아쉽게도 3년 정도 짧은 시간 내 막을 내렸다. 피시방 문화의 확산과 고성능 PC의 가격 인하로 인해 상당수의 게임 유저가 온라인 게임에 빠져든 탓이다.

플레이스테이션2의 흥행은 게임기 역사에서 빼놓을 수 없는 한 장면이다. 소니의 압도적 성과는 여러 경쟁사를 자극했고, 이는 게임 시장 전체의 발전으로 이어졌다. 마이크로소프트는 미국 시장 재탈환을 위한 대대적인 투자를 감행했고, 닌텐도는 소니가 놓친 휴대용 게임기 시장을 공략한다. 틈새 시장을 노린 고화질의 PC 게임과 온라인 기반의 게임들도 출현하며 게임 시장은 무한 경쟁에 돌입하게 된다.

다시 미드웨이로, 엑스박스

아타리 쇼크로 무너진 미국 게임 산업은 1990년대 중반, 제법 회복세를 맞는다. 그럼에도 전 세계 게임 시장은 닌텐도와 세가, 소니의 활약에 이끌려 가는 추세였다. 미국은 자신들을 대표할 게임기 하나 가지지 못한 상황이었다. 일본 기업과 경쟁하는 것은 달걀로 바위를 쳐야 하는 상황에 가까웠다. 이 시기, 마이크로소프트는 PC 운영 체제인 윈도우로 시장을 장악하고 있었다. 마이크로소프트의 다음 목표는 윈도우를 기반에 둔 거실용 종합 엔터테인먼트 허브 장치였다. 게임기보다는 PC처럼 자유자재로 활용할 수 있는 기기에 게임이 추가되는 형태였다. 개념상 현재의 스마트폰과 비슷한 형태였다. 마이크로소프트의 야망은 거실 문화를 완전히 뒤바꾸는 것에 있었다. 1999년 3월, 마이크로소프트의 빌 게이츠는 게임기로 전 세계를 호령하고 있는 소니 그룹의 신형 기기 발표회를 접하게 된다. 이때 공개된 기기가 바로 플레이스테이션2다. 게임 외에도 멀티미디어 기능과 주변 기기를 이용한 온라인 기능까지, 어떻게 보면 마이크로소프트가 꿈꾸던 종합 엔터테인먼트 기기에 가까웠다. 무엇보다 소니가 내던진 한 마디가 빌 게이츠의 심기를 건드렸다.

"컴퓨터를 새롭게 정의한 플레이스테이션2는 PC의 가장 큰 경쟁자가 될 것이다"

빌은 소니의 플레이스테이션이 충분한 가능성을 지녔다고 판단했다. PC의 5분의 1도 안 되는 가격으로 접할 수 있는 플레이스테이션2가 전 세계 시장에 보급되면 전통적인 PC 시장은 타격을 입을 수밖에 없었다. 이때 마이크로소프트 내부에서는 '다이렉트XDirectX' 개발팀과 신입 엔지니어들이 모여 하나의 실험을 진행 중이었다. 일명 '다이렉트 박스'로 불린 프로토타입 게임기였다. 이들은 예산을 배정받기 위해 직접 만든 프로토타입을 들고 가 퍼블리싱 사업 담당자에게 보여 줬다. 나쁘지 않은 방향이었으나 게임만 가능하다는 지점 때문에 문턱을 넘지 못했다. 마이크로소프트 내부에는 이미 종합 엔터테인먼트 허브 장치를 개발 중인 팀이 있었다. 휴대용 기기 운영 체제를 선보이며 시장에서 호평을 받던 윈도우CE 팀도 그 분야를 노리고 있었다. 팀 사이에 경쟁이 붙자 퍼블리싱 팀은 최종 결정을 빌에게 맡긴다.

빌 게이츠와 스티브 발머Steve Ballmer 앞으로 온 세 팀은 각각 자신들의 제품에 대한 시연과 프레젠테이션을 진행했다. 게임 산업에 진출해야 한다는 임원진의 판단에 따라 '다이렉트 박스'가 최종 선정됐다. 프로젝트 이름은 '미드웨이Midway'였다. 태평양 전쟁 중 미국이 일본에 주도권을 빼앗았던 전투인 미드웨이 해전에서 따온 것이다. 그렇게 시작된 프로젝트 미드웨이는 똘똘한 엔지니어들의 개발력과 상상력이 결합해 빠르게 발전했다. 하지만 문제가 있었다. 개발팀은 처음부터 게임기에 윈도우를 넣을 수 없을 것이라 예상했다. PC에 맞춰진 운영 체제는 게임을 구동하기엔 너무 무겁고 복잡했다. 프로젝트 진행을 위해 빌을 비롯한 임원진에 거짓말을 한 것이다. 이 사실을 알게 된 빌은 엄청나게 분노했다. 개발팀 전체를 불러 자신과 마이크로소프트, 윈도우를 모독했다고 소리치며 날뛰었다. 개발팀 중 한 명이 윈도우를 게임기에 넣을 수 없는 이유에 대해 조리 있게 설명했지만 격노한 빌은 심한 말로 응수했다. 회의실에는 빌의 분노만 울려 퍼질 뿐, 어떠한 말도 나오지 않았다. 이렇게 프로젝트 미드웨이는 내전으로 막을 내릴 판이었다. 그때 한 임원이 작게 한마디를 했다.

"그럼 소니는 어쩌죠?"

날뛰던 빌도 한숨을 쉬던 스티브도, 그리고 내내 욕만 듣고 있던 개발팀의 시선이 한곳으로 쏠렸다. "소니가 플레이스테이션2로 거실을 차지하고 이 기기가 컴퓨터라고 하는데 어떻게 해야 하나요?" 재차 말이 이어지자 빌은 뛰던 걸 멈추고 의자에 앉았다. 빌은 스티브를 향해 "그러게 소니를 어쩌지…"라고 읊조렸다. 스티브는 아무 말도 할 수 없다. 다이렉트 박스가 없다면 마이크로소프트는 소니를 넘어설 수 없었다. 냉정함을 되찾은 빌은 아까의 일에 대해 사과한 후 프로젝트 미드웨이를 진행을 수락했다. 스티브는 개발팀에게 프로젝트 전권을 넘기고 원하는 모든 걸 지원해 주겠다고 덧붙인다. 일명 '밸런타인데이 학살St. Valentine`s Day Massacre'[17]로 불린 이 마라톤 회의는 마이크로소프트 내부에서도 매우 특이한 경우로 기록되고 있다.

다시 정상화된 프로젝트 미드웨이는 두려움 반, 설렘 반으로 개발을 이어 나간다. 넉넉한 예산과 충분한 팀원이 더해지자 개발은 속도를 냈고 1년을 조금 넘기는 시점에 프로토타입을 완성할 수 있었다. 이름은 엑스박스Xbox로 결정됐다. 플레이스테이션2가 출시된 지 일주일도 되지 않은 3월 10일, 게임 개발자 컨퍼런스GDC에 참석한 빌은 대중에게 처음 엑스박스를 공개한다. 모든 관심이 엑스박스로 쏠렸다. 다음 스텝은 영업 팀의 일이었다. 영업 팀은 소니의 성공 사례를 고려해 서드 파티 확보에 나섰다. 많은 인력이 다수의 게임사를 만나 엑스박스에 합류할 것을 요청했다. 필요하다면 마이크로소프트는 인수도 서슴지 않았다.

이때 인수된 대표적인 업체가 〈헤일로〉를 개발한 '번지 스튜디오', 〈에이지 오브 엠파이어〉를 개발한 '앙상블스튜디오' 등이다. 일본 쪽 서드 파티 참여도 적지 않았다. 세가를 비롯해 '테크모(現 코에이테크모)', 캡콤, 남코가 엑스박스로 인기 게임을 이식하고, 엑스박스 독점 게임 개발에 나서기도 했다. 마이크로소프트의 넉넉한 자금 지원이 만들어 낸 풍경이었다. 준비가 어느 정도 궤도에 오르자 빌은 2001년 1월 라스베이거스에서 열린 국제 전자제품 박람회(CES·The International Consumer Electronics Show)에서 엑스박스 출시일과 독점 게임 〈헤일로: 전쟁의 서막〉과 〈데드 오어 얼라이브3〉를 시연

엑스박스 외형 ⓒMicrosoft

형태로 공개했다.

　　그리고 2001년 11월 15일, 마침내 프로젝트 미드웨이 엑스박스가 미국에 출시된다. 아타리 쇼크 이후 다시 미국을 위대하게 만들 게임기 경쟁의 시작이었다. 론칭 게임 〈헤일로: 전쟁의 서막〉은 순식간에 미국 거실을 점령하며 무려 500만 장이 팔린다. 타 게임기보다 월등히 뛰어난 그래픽 처리 능력을 바탕으로 편의성을 높인 온라인 멀티플레이, 게임을 직접 저장해 불러내는 내장 HDD가 주는 매력은 거부할 수 없었다. 엑스박스는 미국 시장을 빠르게 평정했다. 하지만 미드웨이라는 명칭이 아까울 정도로 일본 시장에선 참패했다. 플레이스테이션2의 아성도 높았지만 기기 자체가 가진 투박함이 문제였다. 커다란 컨트롤러는 아시아 사람들이 쓰기엔 너무 컸고, 본체 역시 비대했다. 내부 DVD 로더에는 디스크가 긁히는 문제가 있었으나, 이에 대한 대처도 미흡했다. 일본에서 최종 판매량은 50만 대였다. 마이크로소프트의 엑스박스의 성패는 결국 대개 '실패작'으로 논해진다. 제품을 선보인 이후 마이크로소프트는 매해 적자를 기록했으며, 일본을 비롯해 여러 아시아 시장에서 기록한 참패도 실패작 이미지에 한몫했다.

그렇다고 엑스박스의 성과를 무시할 순 없다. 서양을 대표하는 게임기의 탄생만으로도 엑스박스는 많은 개발자의 관심을 받았으며, 이를 바탕으로 일본 중심으로 흘러가던 콘솔 게임 시장의 주도권을 빼앗을 수 있었다. 개발 환경이 PC를 베이스로 했기 때문에 짧은 기간에도 불구하고 1000여 개의 게임이 나올 수 있었다. 또한 온라인 멀티플레이가 중심이 되는 서비스는 PC의 전유물에 가까웠던 인터넷 기능을 활용한 새로운 비즈니스 모델로 주목받았다.

이후 마이크로소프트는 후속 기기 '엑스박스360'을 출시한다. 엑스박스360은 기존 기기의 장점을 극대화했다. 게임 패드에 최적화된 인터페이스와 엑스박스로 출시된 게임을 모두 지원하는 하위 호환 기능, 쾌적한 멀티플레이, 동작 인식과 같은 주변 기기로의 확장성까지 더해져 많은 사랑을 받는다. 누적 판매량은 8600만 대 이상으로 전작을 뛰어넘었다. 덕분에 마이크로소프트는 차세대 게임 경쟁에서도 한발 앞서 나갔다. 마이크로소프트는 전작의 실패 요인을 극복하기 위해 경쟁 게임기보다 빠르게 제품을 출시하겠다는 목표를 잡는다. 덕분에 엑스박스360은 소니의 플레이스테이션3과 닌텐도 위보다 빠르게 출시될 수 있었고, 내부 확장성을 위한 펌웨어 형태로 개발돼 월등한 소프트웨어 성능을 자랑했다. 패치를 실행할 수 있도록 해 운영 체제의 안정성과 확장성 모두를 챙긴 것이다. 시간이 지날수록 나아지는 운영 체제 덕분에 엑스박스360는 긴 수명과 높은 판매량을 유지할 수 있었다.

휴대용 게임기 몰락의 역사

닌텐도가 본격적인 거치형 게임기를 선보이기 전 내놓은 기기 '게임&워치GAME & WATCH'는 1980년 일본에 출시됐다. 당시 5800엔으로 나온 이 제품은 닌텐도를 휴대용 게임기 시장의 절대 강자로 만들었다. 게임기에는 한 개의 게임이 내장돼 있었고, 정해진 동작 외에는 할 수 있는 게 없는 단순함이 특징이었다. 저렴한 가격 덕분에 누구나 부담 없이 구매할 수 있었고, 중독성 있는 명작들이 나와 꾸준한 인기를 유지했다. 총 65종의 게임이 출시됐고, 전 세계 4340만 대가 팔렸다. 닌텐도는 당시 게임&워치의 성공으로 모든 부채를 털어내고 40

억 엔의 흑자를 기록하기도 했으며, 1982년에는 662억 엔의 매출을 올려 다양한 신규 사업의 발판을 마련했다. 게임&워치는 닌텐도의 재정 상황뿐 아니라 게임 역사에도 큰 영향을 미쳤다. 대표적인 요소가 바로 '십자 버튼' 도입이다. 게임&워치용 〈동키콩〉에서 처음 반영된 이 기능은 엄지 하나로 네 방향을 조작할 수 있도록 해 이후 나온 수많은 게임기에 영향을 줬다.

하지만 이를 능가하는 수준의 휴대용 게임기는 닌텐도의 '게임보이GAME BOY' 이전까지는 나오지 않았다. 가정용 게임기가 겨우 발전하던 시기였고 작은 크기의 게임기를 개발하는 것 자체가 쉽지 않았기 때문이다. 게임기를 들고 돌아다니며 어디서든 게임을 한다는 개념 자체가 익숙지 않은 시기이기도 했다. 1989년, 카트리지 방식의 게임보이가 출시된 이후에는 이와 유사한 스타일의 휴대용 게임기들이 나와 본격적인 경쟁을 펼쳤다. 게임 산업의 문제아 아타리도 '아타리 링스ATARI LYNX'라는 제품을 1989년 9월 출시했고 닌텐도의 영원한 라이벌인 세가는 1990년 10월 '게임 기어GAME GEAR'를 내놨다. NEC도 같은 해 PC 엔진의 휴대용 버전인 'PC 엔진 GT'를 선보였다.

이 시기는 슈퍼 패미컴, 메가 드라이브 등의 가정용 게임기가 진 세계 기실을 차지하기 위해 경쟁하던 시기였다. 휴

게임보이 외형 ⓒNintendo

대용 게임기 시장의 경쟁은 크지 않았다. 아케이드 게임, PC
게임, 가정용 게임기와 달리 휴대용 게임기의 점유율은 통계
에 안 잡힐 정도로 매우 낮았다. 자연스레 이 시장을 위해 경
쟁하려는 업체도 적었다. 전체 유저 수가 적었기 때문에 게임
기가 조금만 불안정해도 곧바로 무너졌다. 세가의 게임 기어
는 게임보이의 단점인 흑백 화면을 컬러로 바꿔 내놓았다가
참패했다. AA 배터리를 무려 여섯 개나 필요로 했지만 겨우
세 시간에서 네 시간밖에 사용할 수 없었다. 아타리 링스도 마
찬가지였다. 그야말로 배터리를 순식간에 방전시켜버리는 무
지막지한 백라이트와 LCD 기능 때문에 휴대용이라는 장점은
유명무실해졌다. 성능은 좋았지만, 가격도 게임보이보다 두

배 이상 비쌌고 양손에 꽉 차게 들어오는 크기는 휴대하기 어려울 정도였다. 아타리 링스는 후속작인 아타리 링스2까지 포함해 300만 대의 판매를 기록하는 것에 그쳤다. PC 엔진을 그대로 휴대용 기기로 이식한 PC 엔진 GT와 LT 모두 참패했다. 일본에서만 출시된 이 게임기는 PC 엔진 게임을 휴대용 게임기에서 그대로 즐길 수 있었지만 한 시간도 안 되는 짧은 구동 시간, 휴대용이라고 부르기 어려운 무게, 그리고 4만 4900엔이라는 엄청난 가격으로 논란이 됐다. 이 가격이면 게임보이 네 대를 살 수 있었다.

　게임보이가 휴대용 게임기 경쟁에서 앞서 나가자 다음 세대 경쟁에서 앞서 나가기 위한 개발사들의 시도가 이어진다. 거치형 게임기에서 밀려 게임만 만들던 업체들이 본격적으로 뛰어들기 시작했다. 'SNK'의 '네오지오 포켓NeoGeo Pocket'과 반다이의 '원더스완WonderSwan'은 게임보이에 대항하기 위해, 게임보이를 철저히 벤치마킹했다. 반다이가 내놓은 원더스완은 게임보이가 가진 특성에 맞춰 성능은 올리고 사용 시간은 최장으로 나오도록 만들었다. AA 배터리 한 개만 넣어도 무려 30시간 이상 사용할 수 있었다. 성능은 좋았으나 시점이 좋지 못했다. 이미 게임보이를 통해 컬러 게임을 즐길 수 있는 상황에서 흑백 화면은 매력적이지 않았다. 2000년 9월에야 원더스완 컬러가 출시된다. 이에 맞춰 〈파이널 판타지

1·2〉를 이식해 제법 인기를 끈다. 두 개의 기기를 합쳐 일본 내수에서만 155만 대의 판매량을 올린다. 그러나 인기도 잠깐, 이 제품이 나온 지 석 달 후 닌텐도가 '게임보이 어드밴스 Game Boy Advance'를 출시해 원더스완의 앞길을 막았다. 결국 닌텐도를 이겨 내지 못한 반다이는 휴대용 게임기 시장에서 완전히 철수한다.

닌텐도가 내놓은 게임보이 어드밴스는 게임보이 이후 대히트를 다시 기록한 기기였다. 슈퍼 패미컴의 성능보다 더 좋은 수준을 휴대용으로 즐길 수 있게 한 점이 컸다. 저렴한 개발 비용과 충분한 2D 그래픽 처리 능력은 많은 서드 파티의 선택을 끌어 냈고, 〈역전재판〉이나 〈디지몬 배틀 스피릿〉, 〈록맨 제로〉 시리즈, 〈메트로이드〉 시리즈, 〈슈퍼로봇대전〉 시리즈, 〈파워프로〉 시리즈와 같은 인기 게임을 대거 배출했다. 덕분에 대규모의 마니아층도 형성됐다. 게임보이 어드밴스 시리즈는 2010년 5월, 단종 이전까지 무려 8151만 대가 팔렸다.

휴대용 게임기의 최강자에 있던 닌텐도는 방심하지 않았다. 2002년부터 차세대 휴대용 게임기 개발에 큰 비용을 투자하며 다음 단계를 준비하고 있었다. 새롭게 취임한 이와타 사토루 사장이 가장 적극적으로 참여했던 첫 번째 프로젝트이기도 하다. 듀얼 스크린과 감압식 터치 스크린이 탑재된

플레이스테이션 포터블 외형 ⓒSony

독특한 제품, 닌텐도DS였다. 당시 소니도 휴대용 게임기 제작을 준비하고 있었다. 쿠타라기 켄은 제조 공정 확대로 여유가 생긴 공장을 적극적으로 활용하기 위한 프로젝트에 착수한다. 새로운 프로젝트는 플레이스테이션 출시 10주년을 겨냥한 '플레이스테이션 포터블(PSP·PlayStation Portable)' 개발이었다. 닌텐도DS는 2004년 11월 21일, 플레이스테이션 포터블은 같은 해 12월 12일 출시됐다. 한 달 사이, 차세대를 장악한 휴대용 게임기가 나란히 등장했다. 가정용 게임기 시장에서는 이미 밀려난 닌텐도였지만, 휴대용 게임 시장에서의 닌텐도는 수십 년간 무수한 경쟁 상대를 퇴출한 챔피언과 같았다.

닌텐도와 달리, 소니는 휴대용 게임기 시장에 처음 빌

을 들이는 처지였다. 그래서 서양에서 큰 성공을 거둔 자사 제품명을 마케팅 문구에 넣었다. 소니는 플레이스테이션 포터블을 공개하며 '21세기의 워크맨Walkman'을 표방한 제품이라고 선전했다. 누가 봐도 다윗과 골리앗의 싸움처럼 보였지만, 당시 소니는 가정용 게임기 시장을 평정했기 때문에 무서울 것이 없었다. 든든한 서드 파티의 명작 게임과 관련한 게임을 계속해 출시할 수 있으니, 이로써 충분한 승산이 있다고 판단했다. 성능과 사양 면에서는 소니가 압도했다. 플레이스테이션 포터블의 성능은 플레이스테이션2를 휴대용으로 만든다는 차원에 집중했다. 3D 게임을 구동할 수 있었고, 음악과 영상 재생부터 웹 브라우저 이용과 같은, 멀티미디어 부분도 놓치지 않았다. 휴대기기에 특화된 광학 매체 UMD(Universal Media Disc)로 게임뿐 아니라 비디오 판매에도 나서는 등 획기적인 사업 전략을 보인다.

닌텐도DS의 무기는 오직 게임이었다. 대신 이번에는 방향성이 조금 달랐다. 마니아들을 위한 게임보다는 대중에 특화된 게임들을 다수 꺼내 들었다. 〈닌텐독스Nintendogs〉와 〈매일매일 DS두뇌트레이닝Brain Age: Train Your Brain in Minutes a Day!〉은 쉬운 접근성과 간단한 게임 요소로 대중적인 인기를 누렸다. 닌텐도가 본격적으로 마니아가 아닌 대중을 공략한 시점도 이때부터다. 그렇게 시작된 닌텐도와 소니의 첫 맞대결은

닌텐도DS 외형. 2개의 화면을 이용한 게임성 때문에 확실하게 차별화가 됐던 휴대용 게임기. 국내에서도 높은 판매량을 기록했다. ©Nintendo

닌텐도의 압승으로 끝났다. 닌텐도DS는 1억 5402만 대가 팔렸고, 플레이스테이션 포터블은 그 규모의 절반을 조금 넘는 8200만 대의 판매를 올렸다. 닌텐도DS는 PSP보다 그래픽과 처리 능력에서 뒤처졌지만, 상대적으로 저렴했고 누구나 쉽게 즐길 수 있는 대중성을 강조했다. 차세대 휴대용 게임기 경쟁은 서로의 강점을 강화하는 방식으로 진행됐다. 닌텐도는 더 나은 게임 플레이를 위한 3D 화면과 독특한 플레이를 유도하는 카메라, 그리고 한층 좋아진 터치 기능과 입력 체계를 바탕으로 〈마리오 카트7〉과 〈젤다의 전설 무쥬라의 가면 3DThe Legend of Zelda: Majora's Mask 3D〉, 〈몬스터 헌터4Monster Hunter4〉와 같은 인기 시리즈를 내놨다. 소니의 후속 기기 'PS비타'는 멀티미디어 부분을 더욱 확대하고 게임 플레이에서도 뛰어난 수준의 3D 그래픽을 즐길 수 있도록 했다. 카메라를 이용한 AR(Aaugmented Reality·증강 현실)과 전·후면 터치를 활용한 이색적인 조작 요소는 휴대용 게임기가 가진 조작의 한계를 개선했다는 평가를 받았다. 플레이스테이션은 인기 게임을 휴대용 게임기에 이식해 기존의 마니아층을 공략하는 방식으로 경쟁에 나섰다.

하지만 승리는 이번에도 닌텐도에게 돌아갔다. 닌텐도 3DS는 2020년 기준으로 약 7587만 대가 팔렸는데 비타는 약 1600만 대로 추정하고 있다. 승부를 가른 수는 가격이었다. 3DS는 우리나라에서 16만 원에 팔렸지만, PS비타는 24만 8000원이었다. 여기에 필수 주변 기기인 메모리카드를 합쳐 구매하면 40~50만 원에 가까운 비용이 들었다. 이 돈이면 당시 유명했던 가정용 게임기 두 대를 살 수 있었다. 자잘한 버그와 프리징 문제도 판매량에 영향을 줬다. 결국 소니는 PS비타를 끝으로 휴대용 게임기 시장에서 철수하게 된다. 닌텐도는 이후 거치형과 휴대용 게임기를 합친 '닌텐도 스위치 Nintendo Switch'를 내놓으며 왕좌를 지키고 있다.

현재 휴대용 게임기 시장은 스마트폰으로 완전히 재편된 상황이다. 스마트폰의 대중화는 소니를 비롯한 여러 개발사가 휴대용 게임 시장을 포기하게 만드는 요인으로 작용했다. 스마트폰에서 무료로, 고화질의 게임을 할 수 있게 되면서 구매를 해야만 즐길 수 있는 휴대용 게임기의 수요가 눈에 띄게 줄고 있다. 하지만 여전히 휴대용 게임기가 주는 매력은 살아 있다. 닌텐도 스위치가 대표적인 사례다. 언제 어디서든 버튼이 주는 조작의 물성을 느끼고 싶은 사람들에게는 휴대용 게임기가 안성맞춤이다. 지금의 휴대용 게임기는 스마트폰 외에도 클라우드 기반의 휴대용 게임기와 경쟁해야 하는 상황에 놓였다. 클라우드 기반 게임들은 5G 통신망의 확대에 맞춰 점차 몸집을 불려가고 있다. 새로운 형태의 휴대용 게임 전쟁이 예상된다.

돈과 게임의 역사 〈리니지〉와 한게임

게임은 언제 유료가 되었나?

1998년 엔씨소프트가 선보인 〈리니지〉는 온라인을 통해 전 세계 유저와 함께 게임을 즐기는 방식을 대중에게 각인시켰다. 새로운 혁신의 시작이었다. 〈리니지〉의 성공은 게임 내부뿐 아니라 게임 산업 전반에 활력을 불어 넣기도 했다. 2000년대 벤처 기업 붐과 함께 국내 게임 산업의 기틀을 마련하는 계기가 됐던 것이다.

1세대 온라인 게임으로 불리는 〈리니지〉는 계급과 아이템에 기반을 둔 'PvP(Player versus Player)' 방식이 핵심인 MMORPG다. 국내 순정 만화의 전성기를 이끈 신일숙 작가의 작품 세계관을 기반으로 만들어졌다. 〈리니지〉 시리즈는 〈스타크래프트〉와 함께 한국의 피시방 문화를 이끈 주역으로 평가받는다. 그 중심에는 김택진이 있었다. 김택진은 현대전자에서 국내 최초의 인터넷 서비스인 '아미넷'을 제작한 경험을 바탕으로 1997년 엔씨소프트를 창업했고, 〈바람의 나라〉를 개발한 송재경의 팀을 인수해 〈리니지〉를 출시한다. 〈리니지〉에서 수백 명의 플레이어는 이동하며 사냥할 수 있었고, 유저들끼리는 자유롭게 싸울 수 있었다. 이러한 PvP 시스템, 아이템 강화와 길드 결성, 공성전과 같은 방식은 기존의 싱글 기반 게임에서는 접할 수 없던 요소였다. 〈리니지〉는 빠르게 유저들의 관심을 모으며 단숨에 온라인 게임의 왕좌에 오른다.

〈리니지〉 성공의 중심에는 'PK(Player Kill)'로 불리던 PvP 시스템이 있었다. 초기 PK는 그저 경쟁을 유도하는 하나의 장치에 불과했지만, 플레이어 사망 시 플레이어가 착용한 아이템이 떨어지는 등의 기능이 추가되자 예상치 못한 인기를 끌었다. 유저들은 기회만 되면 서로를 노렸다. 서로의 정보를 확인할 수 없다는 지점은 더더욱 유저의 호기심을 불렀다. 직접 공격을 주고받는 상황이 아니라면 상대방의 능력치를

〈리니지〉 리마스터 게임 화면. 우리나라를 대표하는 MMORPG의
등장이었다. ⓒNCSOFT

파악할 수 없었기 때문에 레벨에 상관없이 모든 유저가 획득
만 하면 고성능 무기를 마음껏 휘두를 수 있었다. 압도적인 우
위가 아닌 이상 긴장을 늦출 수 없었던 셈이다.

유저들은 다른 유저를 이기기 위해 경쟁적으로 아이템
파밍에 몰두했다. 〈리니지〉의 서비스 초기에는 자동 사냥 프
로그램이 성행했다. 자동 사냥 프로그램은 특정 행위를 반복
하는 키 매핑 프로그램의 일종이다. 아이템을 강화하기 위해
〈리니지〉의 몇몇 유저들은 몬스터가 재등장하는 위치에서 자
동적으로 공격을 반복하는 오토 마우스를 사용했다. 하지만
이 역시 한계를 드러낸다. 갑작스러운 PK에 대처하기도 쉽지
않고 낮은 아이템 드롭 확률 때문에 고급 아이템을 얻는 건

'하늘의 별 따기'만큼 어려웠던 탓이다. 이때 등장한 요소가 아이템 거래다. 유저들은 이기기 위해 비싸더라도 아이템을 구매했다. 처음에는 '아덴'이라 불리는 게임 내 재화로 거래가 이뤄졌다. 그러나 이 역시 풍족하지 않았기 때문에 현금 거래가 시작됐다. 〈리니지〉에는 아이템과 재화를 파밍해 거래소에 올리는 사람, 강해지기 위해 돈을 내고 아이템을 구매하는 사람, 그리고 이를 중개하는 업체로 이루어진 구조가 생겼다. 〈리니지〉 경제 시스템의 시작이다.

몇몇 아이템은 수천만 원을 호가하기도 했다. 비싼 몸값만큼 논란도 커졌는데 계정·아이템 절도와 같은 사이버 범죄부터 고가의 아이템을 잃은 유저가 상대를 찾아가 공격하는 '현피(현실+Player Kill)' 사건이 발생해 논란이 됐다. 2013년에는 '집행검 반환 소송'이 일어 실제 법정으로 게임의 다툼이 번지기도 했고, 2017년에는 40명이 넘게 가담한 5~6억 대 아이템 거래를 빙자한 지능 범죄도 발생해 충격을 안겨줬다. 아이템 거래를 둘러싼 홍역이 커지자 이를 단속하겠다며 개발사가 입장을 표명했지만, 그마저도 암암리에 진행되는 거래와 편법을 막지 못했다. 자동 사냥 프로그램은 더욱 발전했고 여러 계정을 동시 조작하는 멀티 프로그램까지 성행했다. 게임 바깥의 환경이 게임 속을 지배해 버린 것이다.

〈리니지〉는 게임 산업을 온라인의 영역으로 개척했다는

점에서 국내 게임 산업의 터닝 포인트로 평가 받는다. 하지만 그만큼 진통도 컸다. 온라인 살인 PK의 등장과 심화한 경쟁은 게임에 대한 대중적 인식을 부정적으로 바꿨다. 더불어 〈리니지〉와 유사한 시스템을 가진 게임들이 우후죽순 쏟아졌다. '리니지라이크'라 불리는 장르가 국내 게임 산업의 중심이 됐고, 모바일 전환 이후 이 흐름은 가속하기 시작했다. 월 구매 한도가 없는 모바일의 특성을 이용해 아이템 확률 상자와 같은 과금 모델이 등장했고, 이는 상당한 매출로 직결됐다.

그렇다면 미래는 어떨까. 세계적인 추세는 확률형 게임을 단속하기를 택했다. 확률을 투명하게 공개하고 '천장' 시스템을 도입하는 식으로 과도한 사행성 요소를 막았다. '앱 스토어'와 '구글 플레이'와 같은 모바일 플랫폼은 연령에 따라 결제가 과도하게 이루어지면 이를 막거나 환불해 주고 있다. 하지만 근본적인 문제 해결에는 개발사의 노력이 필요하다. 세계를 흔드는 대형 신작이 거의 매달 나오고 있는 요즘과 같은 시기에는 과금 모델에 집중한 우리나라 게임이 설 곳이 점점 줄어들고 있다. 〈리니지〉 시리즈도 마찬가지다. 엔씨소프트에게도 〈리니지〉는 넘어야 하는 산이 돼 버렸다.

게임은 언제 무료가 되었나?

우리에게 일반적인 게임은 '유료'였다. 제값을 주고 구매해 즐기는 것이 당연했다. 온라인 게임 시대가 열린 1990년대 후반에도 이 생각은 달라지지 않았다. 온라인 게임은 기간별 정액 서비스를 사용했다. 7일, 14일처럼 기간을 선택 후 구매한 후 게임을 즐기는 식이었다. 근데 이를 깬 업체가 바로 한국의 '한게임'이다. 무료라는 단어는 유저들을 단번에 사로잡았고, 오히려 유료 게임 못지않은 높은 수익을 내기 시작했다. '게임은 유료'라는 공식이 깨진 순간이었다.

2000년대, 본격적인 온라인 게임 시대에 맞춰 게임사들은 '맛보기' 서비스를 내놓는다. 맛보기 서비스는 1980~1990년대의 데모 게임처럼 특정 구간까지 게임을 즐기고 이후는 과금하는 방식이었다. 시간제부터 주간, 월간 같은 다양한 방식이 나왔고 일부 게임은 큰 성공을 거두며 유저들을 사로잡았다. 하지만 온라인 게임이 늘어나면서 맛만 보고 사라지는 유저들이 늘었고 개발사는 수익화에 대한 고민에 빠진다. 인기 게임들도 정식 서비스만 들어가면 유저 수가 크게 줄어드는 문제를 겪고 있었다. 대표적으로 10~20대 남녀에게 사랑받던 〈퀴즈퀴즈〉는 월정액으로 서비스를 전환한 후 유저가 60퍼센트 넘게 감소했다. 〈리니지〉나 〈바람의 나라〉 같은 인기 게임이 아니라면 월정액 서비스 전환은 양날의 검처럼 불안했다.

2001년 3월 게임 포털 한게임은 서비스를 개선해 월

4000원의 프리미엄 서비스와 소액 과금 방식 서비스를 제공하겠다는 내용을 발표한다. 100원에서 600원 정도의 적은 비용으로 필요한 게임을 이용하도록 유도하는 식이었다. 콘텐츠에 차이는 없지만, 진입 허들을 최소화해 맛볼 수 있도록 했다. 경쟁사들의 반응은 미지근했다. 월정액을 소액 형태로 세분화한 것 외에는 특별한 장점이 없다고 평가절하했다. 하지만 결과는 기대와 완전히 다른 양상을 띤다. 프리미엄 서비스 첫날에만 매출 9500만 원을 달성했고, 일주일 만에 3억 원이 넘는 수익을 올렸다. 여기에는 한 가지 비밀이 숨어 있었다. 겉으로 보기엔 유료화 같았지만, 기존 서비스하던 게임의 상당수를 무료로 제공한 것이다. 아이템을 제공하는 등, 프리미엄 서비스로 인한 혜택이 있기는 했지만 게임은 누구나 즐길 수 있었다. 오히려 무료 유저가 유료 결제로 진입하는 효과도 낳았다. 당시 한게임 전체 동시 접속자 수는 10만 명 정도였는데, 프리미엄 서비스를 실시한 이후 13만 명으로 늘었다.

한게임이라는 강력한 '무기'를 얻은 네이버는 경쟁 업체였던 다음과 야후, 그리고 엠파스를 밀어내며 1위에 오른다. 성과를 본 경쟁 업체들의 연구도 본격적으로 시작됐다. 이 방식을 가장 먼저 차용한 업체는 '넥슨'이었다. 넥슨은 플레이에 도움이 되는 아이템을 판매하는 방식으로 약간의 변화를 줬다. 지금의 부분 유료화다. 넥슨은 2001년 7월, 기존의

〈퀴즈퀴즈〉를 〈퀴즈퀴즈플러스〉로 개편하고 서비스를 무료로 전환한다. 주된 판매 상품은 아바타를 꾸밀 수 있는 아이템이었다. 게임 내 캐릭터에 유명 브랜드의 의상을 입힐 수 있었고 이에 따라 추가적인 혜택도 얻을 수 있었다. 반응은 성공적이었다. 완전 무료화라는 자극적인 키워드에 많은 유저들이 몰렸고, 아이템 판매량도 기대 이상이었다. 효과를 체감한 넥슨은 다른 게임에도 순차적으로 부분 유료화를 적용한다. 가장 먼저 반영된 게임은 미니 게임 모음집 〈크레이지 아케이드〉였다.

이때 넥슨은 의상과 같은 편의 아이템이 아닌, 게임에 실질적으로 도움을 주는 아이템 판매를 고민하고 있었다. 그에 따라 넥슨이 내놓은 시스템이 'P2W(Pay To Win)' 아이템이었다. 〈비엔비〉 게임 내에서 물 폭탄을 맞을 경우, 유저는 방울에 갇히게 되는데 이걸 한 번 뚫고 나올 수 있는 '바늘' 아이템이 그것이었다. 업데이트가 이루어지고 일주일 정도가 지나자 부정적 반응이 쏟아지기 시작했다. 상당수의 유저가 방에 입장한 다른 유저들에게 바늘 아이템을 사용하지 말라고 지적했고, 그렇지 않으면 강제로 퇴장시키기도 했다. 넥슨은 저렴한 바늘 아이템을 모두가 기본적으로 사용할 것이라 내다 봤지만, 유저들은 이를 불합리한 구조로 느꼈다. 고민 끝에 넥슨은 바늘 아이템을 삭제했다. 그래도 얻은 건 있었다.

부분 유료화 시스템의 정착, 〈카트라이더〉

여러 시행착오 끝에 넥슨은 〈카트라이더〉에 부분 유료화를 안착시킨다. 유료 카트 등의 아이템을 판매하며 높은 동시 접속 수와 매출을 기록했다. 넥슨을 부정적으로 바라보던 경쟁 업체들도 무료 게임을 조금씩 선보였고, 2005년에는 대부분의 온라인 게임이 부분 유료화에 기반을 둔 서비스를 시작했다. 부분 유료화는 어중간한 위치의 온라인 게임을 국내에 완전히 자리 잡을 수 있도록 한 시도로 평가받고 있다. 무료 서비스를 기반에 둔 온라인 게임은 게임을 그저 판매의 대상이 아닌 서비스로서 바라본 사례였다. 물론 이 방식이 안정적이지만은 않았다. 사람들은 결국 재미있는 게임과 강력한 아이템에 돈을 썼기 때문이다. 매출이 안정적이지 않자 결국 게임 업체들은 무조건적인 승리를 보장하는 유료 아이템을 다시 상점에 내놓기 시작했다.

확률형 아이템 논란이 본격적으로 시작된 시기도 이때쯤이다. 2005년 이후에는 범람하는 무료 게임으로 인해 산업의 전체 매출은 증가하고 있었지만, 개별 업체의 매출은 줄어들고 있었다. 모두 무료 게임이었기 때문에 게임을 홍보하기 위한 지출 비용도 계속 상승했다. 재정적 어려움에 대처하기 위해 게임사들은 밸런스에 영향을 주더라도 당장 팔릴 아이템들을 내놓기 시작했다. 이내 역풍을 막기 위해 만든 것이

〈카트라이더 드리프트〉게임 화면 ⓒNEXON

P2W 스타일의 확률형 아이템 뽑기다. 강력한 아이템을 유료로 판매할 경우 〈비엔비〉와 같은 논란이 생길 수 있었지만, 모두가 같은 확률로 아이템을 뽑을 수 있는 건 문제가 되지 않았다.

모바일 게임이 등장하자 P2W 방식은 더욱 노골적으로 가시화했다. 중·소형 개발사들은 부분 유료화 시스템을 더욱 노골적으로 드러내기 시작했고, 당시 국내 게임 생태계에는 P2W 방식만 남게 됐다. 당시의 세계 게임 산업은 8세대 게임기의 시대를 열며 대형 게임들이 잇따라 쏟아지던 시기였다. 국내 시장은 반대로 향했다. 게다가 사행성 논란이 수면 위로 떠오르며 게임 아이템을 대규모로 생산하는 시설을 말하는 이른바 '작업장'이 생기기 시작했다. 개발사는 이 시류에 편승

하듯 아이템 등장 확률을 소수점 아래로 내리기도 했다. 심한 경우, 0.001퍼센트 확률의 아이템도 등장했다. 초기의 부분 유료화 정책은 누구나 게임을 즐길 수 있도록 하려는 대안적 시도였으나 한편으로는 게임 산업이 수익만을 좇아 달리게 되는 분기점으로 작용하기도 했다.

모바일이 연 손가락 전쟁 시대

우리는 2000년대 초반부터 휴대전화로 게임을 즐겼다. 가벼운 퍼즐 게임부터 스포츠, RPG, 액션 게임 등을 피처폰으로 즐길 수 있었다. 그러나 당시는 피시방의 시대였다. 〈스타크 래프트〉를 필두로 시작된 피시방 문화는 휴대전화 게임을 음지에 가뒀다. 물론 휴대전화 게임의 한계도 뚜렷했다. 당시의 휴대전화는 낮은 기기 성능으로 인해 통화, 문자, 무선 인터넷, 카메라 촬영 등으로 기능이 제한돼 있었고, 주고받을 수 있는 데이터 용량의 한계가 명확했기에 게임 자체의 퀄리티도 빈약할 수밖에 없었다. 컴투스가 2007년 발표한 대작 〈이노티아 연대기〉의 용량은 고작 4.3메가바이트였다. 같은 해 아이폰iPhone의 등장으로 스마트폰의 시대가 열렸지만, 여전히 휴대전화 게임이 걸어야 할 길은 멀고도 험했다. 간혹 〈미니 게임 천국〉이나 〈슈퍼 액션 히어로〉와 같은 흥행작이 등장해, 개발사들은 모바일 게임을 '황금알을 품은 거위'로 묘사했다.

모바일 게임 시대가 본격적으로 열린 때는 온라인 게임의 암흑기라 불리는 2010년 이후였다. 2010년 삼성전자의 1세대 갤럭시가 안드로이드 운영 체제를 등에 업은 채 시장에 나섰고, 2011년 이후부터는 비약적인 성능 향상을 보였다. 아이폰 역시 꾸준히 신제품을 내며 성장했고, 자연스럽게 모바일 게임을 만들던 개발사들도 더 나은 퀄리티의 게임을 출시할 수 있었다. 그럼에도 기능조차 생소했던 스마트폰으로 게임을 즐기는 사람은 드물었다. 그때 개발사 '손노리' 출신의 개발자들이 모여 있던 '턴온게임즈'는 'CJ E&M 넷마블(現 넷마블)'에 흡수돼 여러 프로젝트를 진행하고 있었다. 2011년 PC 온라인 게임 시장은 경쟁 포화와 게임성 한계, 무료화로 인한 수익 악화로 상황이 좋지 않았다. 100~200억 원을 투자한 온라인 게임들이 줄줄이 낙마하고 있었고, 투자는 얼어붙어 새로운 게임 개발은 엄두도 내지 못하는 상황이었다.

　　그때 건강상 문제로 경영 일선에서 잠시 물러나 있던 방준혁 의장이 복귀했다. 그는 '빠른 의사 결정을 통해 게임 개발의 경쟁력을 강화하겠다'라는 기업 목표를 걸고 넷마블을 전문 게임 개발사로 탈바꿈하고자 나섰다. 이때 방 의장이 주목한 것은 정체되고 있는 온라인 게임이 아닌 아이폰과 갤럭시 중심의 스마트폰 시장이었다. 턴온게임즈도 하나의 프로젝트를 배정받는다. 개발 목표는 명확했다. 기존 피처폰으로 나왔던 게임보다 좋아야 하며, 3D 그래픽을 사용해야 했고, 터치 기반에서도 명쾌한 조작이 가능해야 했다. 이미 여러 휴대용 게임기가 나와 선전하는 상황이었기 때문에 그들과 비슷한 수준을 보이면서도 터치에 불편함이 없어야 했다. 그러기 위해서는 간단한 터치, 길게 누르기 등, 몇 동작에만 의존해야 했다. 당시 시장에서는 '넥스트플로어'의 캐주얼 슈팅 게임 〈드래곤 플라이트〉가 화제를 모으고 있었는데, 간결한 조작성과 복잡하지 않은 구성이 그 성공 비결이었다. 턴온게임즈는 간단한 조작감을 살린 게임 개발에 착수한다.

그렇게 2012년 12월 31일 출시된 한 게임은 국내 게임 시장에 큰 변화를 몰고 온다. 이 게임이 바로 스크롤 방식의 캐주얼 레이싱 게임인 〈다함께 차차차〉다. 게임 방식은 간단했다. 다른 차량을 추월하고, 더 멀리 가면 승리하는 식이었다. 여기에 차량을 구매해 업그레이드하면 기존의 단점이 보완돼 더 쉽게 높은 점수를 기록할 수 있었다. 온라인 게임이나 콘솔 게임을 즐기는 유저로서는 다소 유치하게 보일 수 있는 게임이었지만, 대중은 열광했다. 〈다함께 차차차〉는 출시 이후 닷새 만에 매출 1위에 올랐고 하루 기준 8~9억 원, 석 달도 안 돼 300억 원 이상의 매출을 기록했다. 당시 온라인 게임 평균 매출이 한 달 기준 10억 원 이상 나오기 힘든 구조였던 걸 감안하면 엄청난 성과였다.

〈다함께 차차차〉게임 화면 ©Netmarble

넷마블은 이때의 성공을 기반 삼아 모바일 게임 전문 개발 및 유통사로 거듭난다. 2013년 발표한 〈몬스터 길들이기〉는 모바일 플랫폼에 최적화된 RPG 표준 방식을 선보이며 다시 한번 유례없는 성과를 기록했다. 이후 넷마블은 여러 형태의 〈다함께〉시리즈를 선보이며 국내 모바일 게임의 선두 자리를 지킨다. 모바일 게임 시장으로 많은 유저가 몰리자 많은 개발사가 개발 방향을 모바일 게임으로 전환했고, 1년도 채 되지 않아 100여 종이 넘는 모바일 게임이 쏟아진다. 본격적인 모바일 게임의 경쟁 시대가 열린 것이다. 모바일 게임 경쟁에서는 엔씨소프트와 넥슨, 넷마블 같은 전통적인 강호로 불리던 게임 업체가 아닌, 새로운 '신데렐라'들이 탄생했다. 2014년 '액션스퀘어'가 선보인 액션 RPG 〈블레이드〉가 대표적이다. 모바일에서 보기 드문 뛰어난 그래픽과 손맛을 내세운 이 게임은 출시 8일 만에 구글 플레이와 앱 스토어 매출 1위를 기록했고 장기간 흥행을 이뤄 1년 만에 1000억 원 이상의 매출을 올렸다. 다음 해 넷마블과 네이버가 손잡고 선보인 〈레이븐〉이 〈블레이드〉를 능가하는 성적을 달성하며, 모바일 게임은 가능성이 큰 시장으로 자리매김했다. 〈레이븐〉은 TV와 포털 등을 통해 광고를 내며 대중의 접근을 이끌었고, 터치 조작의 정확성을 개선해 마니아에서 일반 유저로 타깃을 선회했다. 막대한 비용의 광고 대전이 열린 시점도 이때부터다.

이 시기 모바일 게임은 국내 게임 시장을 대표하는 콘텐츠로 자리매김한다. 구글 플레이와 앱 스토어는 유통사를 통하지 않고도 글로벌 시장을 노릴 수 있는 창구였기에 해외 진출도 쉽게 계획할 수 있었다. 더 나아가 모바일 게임은 카카오톡이나 라인과 같은 메신저, 페이스북과 같은 소셜 미디어 플랫폼과 연계하기도 했다. 덕분에 언제 어디서든 즐길 수 있다는 모바일 게임의 장점은 더욱 강화됐고 장르도 다양해졌다. 당시 온라인 게임은 MMORPG를 중심으로 FPS 게임이나 다인 대전 액션, 레이싱 게임과 같은 몇몇 장르에 집중되는 성향을 보였으나, 모바일 게임은 3매치 퍼즐부터 방치형, 수집형, 액션 RPG, 슈팅, 소셜 네트워크 게임, 시뮬레이션과 같은 다양한 모습으로 유저를 만났다. 장르의 다양화는 스마트폰의 보급 확산과 더불어 게임이 더욱 대중적인 형태로 진화했다는 의미였다.

이 중에서도 수집형이라 불리는 하위문화는 모바일 게임 시장을 주도하는 장르로 급부상했다. 다양한 성격의 캐릭터를 수집하고 성장시켜 스테이지를 격파하고, 다른 유저와 경쟁하는 이 장르는 남성 유저를 중심으로 빠르게 확산했다. 〈스텔라 메이든〉을 비롯해 〈라스트 오리진〉, 〈블루 아카이브〉 같은 게임이 인기를 끌었고, 〈소녀전선〉과 〈우마무스메: 프리티 더비〉 같은 해외 인기작도 들어와 사랑받았다.

급성장에는 부작용도 따랐다. '게임 산업 진흥에 관한 법률'로 제한돼 있던 결제 한도가 모바일에서는 무제한이었던 게 문제가 됐다. 몇몇 게임은 이 허점을 노린 과금 모델을 대거 출시했다. 과금은 캐릭터를 성장시키기 위한 지름길이었고, 각종 아이템을 확률로 얻도록 하는 시도가 만연했다. 하나의 캐릭터를 최고 레벨로 올리기 위해서는 수천만 원이 필요한 사례도 생겼다. 모바일 게임의 재미 요소는 세계관과 조작, 줄거리보다는 경쟁 중심으로 흘렀다. 누가 더 많이 과금하느냐에 따라 승패가 갈렸고, 개발사는 이를 자극하는 유도성 이벤트와 대규모 전투, 공성전 등을 열어 수익성을 높였다. 모바일 게임 시장은 초기의 활력을 잃은 채 기존의 것을 반복했다. 새로움을 겨냥한 시도는 줄어들었고, 수집형과 MMORPG

장르를 중심으로 시장이 재편됐다. 9세대 게임기의 등장, 8K 해상도를 지원하는 AAA급 게임이 꾸준히 나오는 지금과는 다소 어울리지 않는 모습이다.

모바일 게임은 낮은 진입 장벽과 터치 환경을 사용한 자유로운 조작, VR부터 AR 등 주변 기기와의 높은 호환성을 가졌다. 이러한 가능성은 더욱 다양한 손가락 전쟁 시대의 미래를 그릴 수 있다. 꾸준한 진화를 위해서는 과금 전략보다는 세계 시장을 주목시킬 만한 게임성이 필요하지 않을까.

게임 패스로 보는 게임 경쟁의 미래

마이크로소프트는 콘솔에 막대한 비용을 투자하며 가정용 게임기 경쟁을 펼쳐 왔지만, 성과는 기대 이하였다. 닌텐도의 휴대용 게임기는 파상공세를 펼쳤고, 소니의 플레이스테이션은 약진을 거듭했다. MS의 엑스박스는 초기보다는 훨씬 많은 유저를 모았지만, 항상 게임 라인업 문제로 인해 선두를 차지하지 못했다. 문제를 극복해야 했다. 마이크로소프트는 게임 온라인 대여 서비스로 시선을 돌린다. 저렴한 비용으로 게임을 일정 기간 빌리고, 즐길 수 있는 형식이었다. 때마침 엔터테인먼트 시장에서 떠오르던 건 다름 아닌 '넷플릭스Netflix'였다. MS는 넷플릭스로부터 구독 개념을 차용한다. 이렇게 만들어진 서비스가 '게임 패스GAME PASS'다.

2017년 2월 28일 처음 공개된 게임 패스는 등장과 함께 논란이 됐다. 게임을 구독 형태로 제공하는 발상 자체가 유저들에게 익숙하지 않았는데, 수백 개의 게임을 게임 한 개도 안 되는 가격으로 즐길 수 있다는 점 때문이었다. 당시의 비즈니스 생태계에서는 상상조차 할 수 없었던 파격적인 방식 때문에 경쟁 업체와 게임 개발사는 당황했다. 공개와 함께 게임 업계 뜨거운 감자가 된 게임 패스는 그해 6월 1일 정식 서비스에 들어갔다. 월 만 원도 되지 않는 가격에 목록에 있는 게임을 무제한 즐길 수 있었다. 초기 유저 반응은 애매했다. 일부 퍼스트 파티 라인업을 제외하면 대부분 2~3년 정도 전 출시된 게임이었고 현지화가 거의 이루어지지 않아 영미권 이용자가 아니라면 원활히 이용하기 어려웠기 때문이다.

그러자 언론들은 게임 패스가 철 지난 게임을 서비스하는, 기대에 못 미치는 구독 서비스라며 혹평했다. 마이크로소프트 역시 부족한 라인업에 대해서는 인정할 수밖에 없었다. 게임 패스 입점을 두려워하는 개발사도 많았고, 구독 시 수익 분배와 같은 다양한 문제에 대한 정보도 부족했기 때문이다. 이는 유저에게도 마찬가지였다. 경쟁 업체인 소니와 닌텐도로서도 게임 패스는 '바보' 같은 서비스였다. 가뜩이나 게임 판매와 라인업 확보에서도 밀리는 처지의 마이크로소프트가 가장 불리한 방식의 서비스를 시작한 것이나 다름없다고 생

게임 패스 화면 ⓒMicrosoft

각했다. 그렇게 게임 패스 서비스는 6개월도 되지 않아 경쟁 게임에 밀려 존재감을 잃어갔다.

하지만 마이크로소프트의 입장은 달랐다. 시행착오가 절실했던 서비스였기 때문에 이런 과정이 실패가 아니라고 봤다. 마이크로소프트는 구독 서비스를 이용하는 유저가 원하는 것, 그리고 전 세계로의 확산을 위해 필요한 것들을 철저히 분석했다. 게임 패스가 주는 부정적인 인식을 지우기 위한 작업에도 상당한 공을 들였다. 덕분에 서비스의 질은 개선됐지만, 가장 큰 문제는 빈약한 라인업이었다. 마이크로소프트는 이 문제를 투 트랙 형태로 해결하려고 했다. 하나는 출시가 임박한 AA급 게임에 과감하게 자금을 투자하며 대형 라인업을 확보하는 전략이었고, 또 하나는 게임 스튜디오를 직접 인수하는 방향이었다. 내부에서 개발할 수 있는 게임의 한계는 분명했기 때문에 무리하게 자체 개발력을 확보하기보다는 외부에서 떠오르는 개발사나 라인업을 다수 보유한 유통사를 인수하는 것이 유리하다고 판단한 결과다. 두 가지 방식이 모두 안착하는 데까진 꽤 많은 시간이 소요됐지만 결국은 올바른 선택이었다.

게임 패스는 2020년 기점으로 대부분의 문제를 해소했다. 게임 패스 덕분에 유저는 PC와 엑스박스를 오가며 게임 플레이를 즐길 수 있었다. 유명 게임들은 MS와 계약을 맺어 '데이 원Day One'[18]으로 출시됐다. 2021년에는 로그라이트 게임 〈하데스Hades〉를 시작으로 〈사이코너츠2Psychonauts 2〉, 〈미스트Myst〉 리메이크, 〈백4블러드Back 4 Blood〉, 〈12분Twelve Minutes〉, 〈디 어센트The Ascent〉와 같이 외부 개발사가 제작한 게임이 게임 패스를 장식했다. 게임 패스에는 매달 5~10여 종 이상의 신작, 20종의 추가 라인업이 나왔다. 다수의 유명 스튜디오를 흡수하고, 그곳의 라인업을 게임 패스에 추가하는 것도 MS의 전략이었다. 대표적인 사례가 '베데스다BETHESDA GAME STUDIOS' 인수다. 마이크로소프트는 〈둠〉 시리즈를 비롯해 〈폴아웃〉, 〈엘더스크롤〉 시리즈로 알려진 베데스다를 인수하기 위해 모회사인 제니맥스미디어를 인수했다. 당시 인수가는 무려 8조

7000억 원으로 2016년 '텐센트'가 '슈퍼셀'을 10조 원 규모에 인수한 이후 최고 수준의 빅딜이었다. 인수가 확정된 후 베데스다의 모든 게임이 기다렸던 듯 게임 패스에 등록됐다. 게임 패스 구독률은 빠르게 상승했고 몇 달간 게임 업계를 장악했다. 마이크로소프트의 공세에 놀란 건 유저뿐만은 아니었다. 방심하고 있었던 소니와 닌텐도는 그제야 게임 패스가 비즈니스에 지각 변동을 일으키고 있단 걸 알게 된다.

여기가 끝이 아니었다. 마이크로소프트의 시선은 액티비전블리자드로 향했다. 인수가는 무려 82조 원. 2022년 1월 18일 터진 이 사건은 전 세계 유례없는 세기의 딜이었다. 〈워크래프트〉와 〈디아블로〉 시리즈, 그리고 〈콜 오브 듀티Call of Duty〉 시리즈가 게임 패스에 포함됐다. 화제의 중심에 선 마이크로소프트는 곧바로 경쟁 구독 서비스 'EA Play'와 연합을 맺는다. 그리고 자사의 온라인 멀티플레이 서비스 '엑스박스 라이브 골드Xbox Live Gold'를 게임 패스에 통합시킨다. 여기에 유저들이 원했던 DLC나 추가 혜택을 도입하고, 게임 패스 구독자에게는 할인 서비스도 제공했다. 스마트폰과 빠른 인터넷 환경만 갖추면 다운로드 없이도 게임을 즐길 수 있는 클라우드 서비스도 더했다.

발등에 불이 떨어진 소니는 구독 서비스 'PS플러스PS PLUS'로 맞대응에 나선다. 플레이스테이션으로 나온 고전 게임부터 여러 독점 게임을 저렴한 비용으로 즐길 수 있게 한 서비스였다. 하지만 마이크로소프트가 5년 넘게 다듬어 온 게임 패스의 상대가 될 수 없었다. 소니는 당장의 매출 폭락을 우려해 라인업을 공격적으로 확장하지 못했고, 고전 게임 역시 개발사와의 협의 문제로 인해 본격적인 서비스가 어려웠다. 게임 패스는 전체 시장의 60퍼센트가 넘는 점유율을 차지하며 게임 구독 서비스의 왕좌에 올랐다. MS의 액티비전블리자드 인수가 완료되면 〈월드 오브 워크래프트〉를 비롯해 〈디아블로4〉 같은 신작, 그리고 〈콜 오브 듀티〉 최신작도 게임 패스를 통해 만날 수 있게 된다.

게임 패스를 MS의 '돈놀이'로 평가하는 언론이나 유저도 많다. 경쟁이 끝난 후에는 자연스레 독점의 부작용을 유저가 떠안을 것이며, 이는 정통적인 게임 시장을 무너트리는 결과로 이어질 것이라는 지적이 제기된다. 하지만 반대로 생각해 보면, 게임 패스는 소비자의 선택 폭을 넓히고 권한을 키운 소비자 친화적 서비스이기도 했다. 유저는 적은 비용으로 다양한 게임을 부담 없이 즐길 수 있었다. 게임 업계의 경쟁도 더욱 치열해졌다. 후발 주자로 게임 경쟁에 뛰어든 엑스박스는 가능한 최선의 공세를 펼치고 있다. 소니와 닌텐도는 MS의 선택에 따라 더 나은, 저렴한 서비스를 꺼내야 할 상황에 놓였다. 서비스에 대한 유저들의 기대감은 점점 커질 것이고,

이는 자연스럽게 경쟁 업체들의 노력과 발전으로 이어진다. 게임 패스 역시 그렇게 변해왔다. 게임 패스는 미래의 게임 경쟁과 비즈니스를 바꾼 '게임 체인저'다. 거대 공룡들의 경쟁에서 유저가 선택할 카드는 결국 더 좋은 서비스다.

에필로그　　　　　게임의 미래는 본질에 있다

지금 이 순간도 게임 업계는 더 넓은 시장으로, 더 다양한 형태로 확장하고 있다. 빠른 변화 속에서 게임이 본질적으로 추구해야 할 화두는 무엇일까? 답은 새로움과 재미다. 게임의 역사가 말해주듯 결국 새롭지 않거나, 재미 없는 게임은 실패한다. 새로운 플랫폼의 등장은 창조의 한계를 극복하기 위한 시도였고 장르의 다변화는 재미를 완성하고 대중에게 전파하는 시도였다. 이런 단계는 몇 세대가 흘러도 계속 이어질 것이다. 게임은 무수한 플랫폼을 거쳐 진화했고, 그 과정에서는 항상 '새로움'이 만들어졌다.

다만 그걸 누가 어떻게, 어떤 방식으로 해낼지는 아무도 알 수가 없다. 지금도 수많은 개발자가 새로움과 재미를 찾아 헤매고 있다. 게임이 유저에게 다가가는 것이 아닌, 유저가 게임을 선택하는 시대에서 개발사는 유저의 선택을 받기 위해 새로움과 재미에 관한 연구를 지속하고 있다. 그 과정이 만들어내는 경쟁은 신데렐라의 탄생부터 성장이 멈춘 기업의 도태와 파산처럼 여러 모습으로 다가온다.

게임은 필자에게 어릴 적부터 좋은 친구이자 스승이었고, 지금은 없어서는 안 될 동료와 가족이 됐다. 게임이 좋아 개발사에 취직해 운영부터 QA, 기획, 개발을 경험했고, 더 많은 게임을 공부하고자 언론인도 됐다. (실패했지만) 스스로 개발사를 만들어 경영도 해봤고, 다양한 프로젝트를 외부에 알리기도 했다. 그 사이 게임은 끊임없이 진화하고 발전했다.

게임을 하는 이유에 대해서는 수백 가지의 다른 이유를 댈 수 있지만 '새로움을 찾는 여정'만큼 정확하게 표현할 수는 없다. 이처럼 게임은 우리에게 가깝고 가장 쉽고 편하게 만날 수 있는 종합 엔터테인먼트다. 아케이드에서 가정용 게임기, PC와 모바일로 점차 자리를 옮겨 온 게임은 이제는 없어서는 안 될 존재가 됐다. 누구나 언제 어디서든 게임을 즐길 수 있는 시대라는 말이다. 게임은 불량 식품으로 취급 받던 시대를 넘어, 전 세계 누구나 즐길 수 있는 문화가 됐다. 필자는 그렇게 만들어진 산업의 역사를 독자에게 조금 더 알기 쉽게 전해 주고 싶었다. 그 과정을 지키고 기억하고 즐기는 진짜 유저가 되면 미래의 게임 경쟁이 주는 의미를 좀 더 새롭게 받아들일 수 있지 않을까? 또 다른 혁신의 에너지를 가진 게임이 등장해 우리를 놀라게 만들어 주길 바란다.

주

1 _ Tom Wijman, 〈2021 Global Games Market〉, Newzoo, 2021.

2 _ 미국 뉴욕 맨해튼 출신의 도널드 발렌타인은 미국의 기술 회사에 집중 투자한 벤처 자본가다. '실리콘밸리 벤처캐피털의 할아버지'로 불린다.

3 _ 워너 커뮤니케이션의 전신은 1966년 주차장업을 영위하던 '키니파킹'과 청소업을 주로 하던 '내셔널클렌징화사'가 합병한 '키니내셔널서비스'다. 1967년 DC코믹스와 애쉴리페이머스를, 1969년 워너 브라더스를 인수하며 미디어 사업에 들어온다. 1972 년 사명을 변경해 워너 커뮤니케이션(Warner Communications Inc.)으로 활동했다.

4 _ VIC-20으로 불린 코모도어인터내셔널(Commodore International)의 홈 컴퓨터. MOS테크놀로지가 만든 VIC 칩을 이용했다.

5 _ 1982년 8월 코모도어인터내셔에서 발표한 8비트 가정용 컴퓨터이며, 전작인 VIC-20 의 발전형이다. 이름에 있는 64는 DRAM 용량 64KB를 뜻한다.

6 _ '뽀빠이'는 미국 만화가 E.C. 세가(Elzie Crisler Segar)가 만든 만화다. 시금치를 먹 으면 힘이 세진다는 캐릭터 설정 덕분에 전 세계적으로 히트한 작품이다. 1982년 출시 된 아케이드 게임은 우리나라의 게임 센터에서도 쉽게 만날 수 있었다.

7 _ 〈킹콩(King Kong)〉은 영화 제작자 칼 덴험(로버트 암스트롱 분)가 미녀 앤(페이 레 이 분)에게 빠진 거대 동물 킹콩을 포획한 후 도시로 데려와 구경거리로 전락시키면서 벌어지는 이야기를 담고 있다.

8 _ 1970년대 미국 필라델피아에 사는 버나드, 머레이 형제가 만든 광고다. 간소화된 웃는 얼굴과 그 밑에 'Have a Happy day'라는 문구를 넣은 이미지로 잘 알려져 있다.

9 _ 〈디그더그〉는 1982년 남코가 선보인 캐주얼 게임이다. 영미권에서 큰 성공을 거둔 게임으로, 땅속을 파헤치며 보물을 찾고 외계인들을 물리치는 내용이다. 귀여운 캐릭터 와 달리 적에게 바람을 넣어 터뜨리는 요소로 화제가 됐다.

10 _ 페이탈리티는 〈모탈 컴뱃〉 게임의 핵심 요소다. 싸움에서 승리한 후 그로기에 빠진

상대에게 특정 커맨드를 입력하면 상대를 무참히 죽일 수 있는 기능이다.

11 _ 1999년 4월 20일, 미국 콜로라도주 컬럼바인의 고등학교에서 발생한 교내 총격과 폭탄 테러 미수 사건. 이 사건으로 12명의 학생과 교사 1명이 살해당했고 21명의 부상자가 나왔다. 1990년대 미국 역사상 가장 치명적인 학교 총기 난사 사건으로 기록됐다.

12 _ 1985년 9월 22일 프랑스, 독일, 영국, 미국, 일본의 재무장관이 뉴욕의 플라자 호텔에서 진행한 합의. 미국이 인위적으로 달러의 가치를 떨어뜨리려 다른 나라 화폐, 특히 일본 엔화의 가치를 올린 일종의 환율 조정 합의다.

13 _ 드라마 CD(Drama CD)는 일본 내 하위문화인 오디오 드라마를 뜻하는 말이다. 게임이나 소설, 애니메이션 같은 원작을 바탕으로 제작되는 경우가 많다.

14 _ 당초 캡콤은 길게 누를수록 강한 공격이 나가는 '압력감' 시스템을 구현하려 시도했다. 〈스트리트 파이터〉에서 손과 발, 두 개에 압력 감지 기능을 넣으려 했으나, 플레이하기 지나치게 어렵다는 판단에 여섯 개의 버튼으로 나뉘게 됐다.

15 _ 로그라이크 게임은 한 번의 동작을 하나의 '턴'으로 계산하고 이에 따른 결과를 받는 장르를 뜻한다.

16 _ 비트는 'Binary Digit'을 줄인 말로 컴퓨터의 저장 단위 중 하나다. 비트는 당시 게임기 성능을 설명하는 가장 쉬운 개념 중 하나였다.

17 _ 1929년 2월 14일 시카고에서 벌어진 아일랜드 갱단과 알 카포네 간의 살인 사건이다. 밀주 판매를 놓고 벌어진 이 사건은 범인을 찾지 못해 미제 사건으로 남게 됐다. 개발팀이 이 이름을 쓴 이유는 왜 갑자기 빌이 모든 전권을 넘겼는지 전폭적 지원을 약속했는지 전혀 알지 못했기 때문이다.

18 _ '데이 원'은 게임이 출시되는 시점에 게임 패스에 등록되는 것을 의미한다.

북저널리즘 인사이드　　　과거의 새로움은
　　　　　　　　　　　　지금의 혁신으로

바야흐로 게임의 시대다. 국내 게임 산업의 규모도 20조 원을 돌파하며 세계 시장 점유율 4위에 안착했다. 모든 사람이 즐길 정도로, 또 모든 기업이 주목할 정도로 거대해진 게임 시장이지만, 무엇이 게임이라는 개념을 구성하는 규칙인지에 답하기는 쉽지 않다. 수많은 장르와 다양한 기업, 65년에 달하는 긴 역사까지, 수많은 요소가 게임이라는 구름을 구성하고 있다. 그렇다면 역사를 구성하고, 현재를 구성하고 있는 수많은 게임 전체를 가로지르는 본질은 무엇일까? 우리는 무엇을 게임이라 부를까? 《세상을 바꾼 게임들》은 그 본질이 다름 아닌 새로움에서 태어나는 재미와 자극에 있다고 답한다.

　　게임의 역사는 감각 확장의 역사였다. 가상의 움직임을 보고, 캐릭터를 조종하고, 존재하지 않는 속도감을 느끼는 것까지, 게임을 둘러싼 모든 재미는 새로운 감각을 향해 있다. 중력과도 같은 적응과 내성을 넘어서는 것, 이 미션이 게임의 진화를 추동한 동력이었다. 덕분에 하나의 게임이 살아 남아 역사에 이름을 남기기 위해서는 다양한 조건을 충족해야 했다. 지나치게 어렵거나, 접근하기 힘들거나, 단순하거나, 어디선가 봤던 이야기는 새로운 자극이 아니었다. 세계의 첫 비디오 게임이라 불리는 〈테니스 포 투〉는 지금의 게임과 비교한다면 지나치게 단순한 모양새다. 그러나 모니터 속 가상의 코트에서 가상의 공을 넘기는 것은 새로웠고, 그래서 재미있었다.

〈디아블로〉는 모두가 불문율로 여기던 복잡하고 장대한 RPG 게임의 세계관을 단순한 구성으로 바꿨다. 유저의 임무는 단순해졌지만 그 단순함에서 느낄 수 있는 공포감과 스릴은 이전까지의 RPG에는 없는 것이었다. 그렇기 때문에 "우리는 RPG를 만든 게 아니라 〈디아블로〉를 개발한 것"이라는 블리자드의 말이 시장에서 인정받을 수 있었다. 이처럼 게임은 그 탄생부터, 오로지 사용자의 즐거움과 감각만을 위해 태어난 존재였다. 그 진화 과정에서는 새로운 문화가 태어나기도 했다. 콘솔은 거실이라는 공간을 엔터테인먼트의 공간으로 바꿨고, 휴대용 게임기는 이동이라는 비어있던 시간을 콘텐츠의 영역으로 확장했다. 최근의 모빌리티 업계와 자율주행 분야에서 게임과 같은 콘텐츠에 주목하는 것은 이러한 역사와도 멀지 않다.

게임의 진화 과정에는 수많은 사람과, 수많은 도전, 그리고 철저한 계산이 자리했다. 기존 시장을 뚫어 낼 수 없을 것 같았던 소니의 플레이스테이션이 게임 시장 내부에 균열을 낸 것, 우연히 만난 사람을 마리오라는 캐릭터로 재탄생 시킨 것 모두가 도전의 역사였다. 그렇다면 지금은 소소해 보이는 몇 가지 시도도 결국 미래의 게임을 바꾸는 하나의 실마리가 될 수 있지 않을까? 넷플릭스의 게임 시장 진출, 마이크로소프트의 게임 콘텐츠에 대한 열망은 지금은 이상해 보일지라도, 게임의 역사 속에서는 이상한 일이 아닐지 모른다.

계속해서 새로움을 겨냥해야 하는 지금의 크리에이터들에게, 그리고 무수히 도전해야 하는 이들에게 세상을 바꾼 게임과 사람들의 도전기는 힌트가 될 수 있다. 과거의 새로움이 지금의 혁신으로 이어지는 과정은 그래서 즐겁고, 자극적이다.

김혜림 에디터